季節を楽しむ
かわいい食卓

のほほん御膳

こころのたね。
yasuyo

はじめに

長男は社会人に、長女も大学生となり、それまでの慌ただしい子育てにひと息つくようになったのが、今から3年前。お弁当も各自で作るようになり、家族全員でごはんを食べる機会もずいぶんと少なくなりました。

それまでは毎週、大量に作っていた作り置きも、今はほんの少し作る程度。

おかげさまで自分の時間にゆとりが生まれ始めました。

気がつけば自分自身もそこそこ年齢を重ねていて、ふと「これからの残された時間をどう使おうかな」と考えることが多くなったのです。

人生長いようでも、時間は刻々と過ぎていくもの。今までは何げなく使っていた「時間」も、改めてその貴重さに気づくようにもなりました。

そんな風に、あれこれ思いを巡らせた結果、いきついたのが、「今よりもっと時間を丁寧に大切に使おう」という、ごくシンプルなことでした。

私にとって「時間を大切にする」とは「日々の生活をじっくり味わう」こと。

追われるだけではなく、時々でいいから、ゆっくり立ち止まる時間を作って、今以上に五感を目一杯使いながら過ごそうと思ったのです。

「食」は生きていく上で欠かせないこと。まずはその『食』との向き合い方を少し変えてみることにしました。

今までは、ついつい後回しにしがちだった自分の時間を「自分へのごほうび時間」に置きかえて、暮らしの流れに添えていきたいと思いました。

それは、季節の食材と向き合ったり、じっくり器を選んだり、楽しみながら盛りつけしたり、食事をゆっくりと味わいながらいただくこと。

もちろん高級食材を使う必要はなく、残りものなど何だっていいんです。

実際、やってみると、自然と心がやわらぎ、温かく、ゆるりとした時間が生まれたのです。

なので、そんな時間のために作るごはんを「のほほん御膳」と名づけました。

たとえ、ひとりぼっちのお昼ごはんでも、とても贅沢な時間に変わりました。

料理をすること、食べることは一生ついてまわること。だったらその時間を楽しめたなら、人生幸せだなって思うのです。

「のほほん御膳」を通して、皆さんの生活や食卓に、なごやかで楽しい時間の種まきができるなら、これ以上ない幸せです。

「のほほん御膳」のコツは、がんばりすぎないこと

「のほほん御膳」は「寄せ集め御膳」

「のほほん御膳」の写真を見て、「こんなに品数作るのは大変そう」と思われる方もいらっしゃるかもしれません。でも実は、御膳の中は、冷蔵庫の中のものがほとんど。新しく作るとしても電子レンジで作れる即席スープや惣菜を追加する程度。市販のお惣菜を活用したってＯＫです！

ついでの「作り置き」と「とり分け」を活用！

「のほほん御膳」のほとんどは、作り置き惣菜。作り置きといっても、わざわざ大量に作るのではなく、夕食のおかずを作るついでに、やや多めに作っておいたり、少しとり分けておいたりしたものがほとんどです。

楽しむポイントは「器選び」と「盛りつけ」！

私が「のほほん御膳」を作るうえで最も楽しんでいるのは、器選びと盛りつけ。家にあったけれどしまいこんでいたものを発掘したり、使いなれた1枚の器で色々な盛りつけを探求したり。時間をかけて楽しみます。

「細工」を楽しむ！

野菜や果物の飾り切りや、ごはんの型抜き、顔むすび、焼き印など、日々のごはん作りではとうていできない食材への細工も「のほほん御膳」の醍醐味のひとつ。

自分のために、自分のペースで楽しむ！

私にとって「のほほん御膳」作りは、自分へのごほうび。義務でもなく、作りたいタイミングで作ることが一番大切。今は冷蔵庫の中の整理も兼ねて、週に1～2回のペースで気ままに作っています。

もくじ

五章 のほほんおかず 色別レシピ集

［ この本のルール ］

- 小さじ1＝5㎖、大さじ1＝15㎖です。
- 1カップは200㎖です。
- 「適量」は、適した分量、好みの分量を入れることです。
- 電子レンジは600Wのものを使用しています。500Wの場合は1.2倍の加熱時間を目安としてください。
- IHの3KWのものを使用。調理時間は目安です。
- 米粉は製菓用を使用しています。メーカーの種類により、水分量を加減してください。
- なたね油やてんさい糖は、お好みの油や砂糖でも代用できます。
- てんさい糖以外の砂糖を使用する場合は、分量を少し控えめに加減してください。
- 保存期間はあくまでも目安です。温かいおかずなどは、冷ましてからふたをしましょう。
- 保存容器は、あらかじめ煮沸消毒またはアルコール消毒をしておきます。

必要な道具

「のほほん御膳」は、型抜きや、ごはんへの細工、焼き印などが創造的で楽しい作業。

ここで、そろえておきたい道具や、本書で使ったちょっと変わった調理道具をご紹介します。

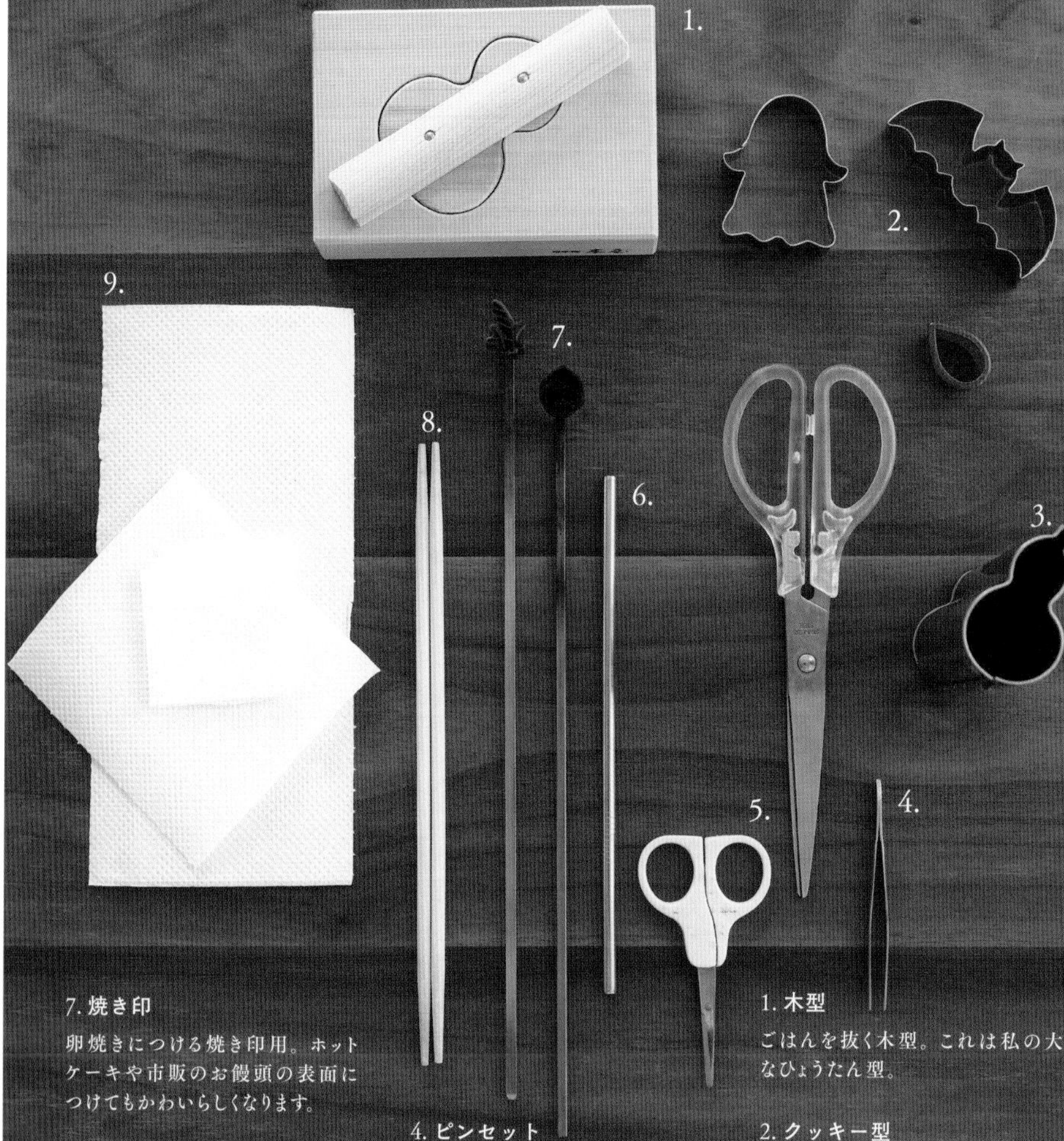

7. 焼き印

卵焼きにつける焼き印用。ホットケーキや市販のお饅頭の表面につけてもかわいらしくなります。

8. 盛りつけ箸

重宝するのが、先の細い盛りつけ箸。両端使えるタイプが重宝します。専用に1膳用意しておくと便利です。

9. ペーパータオル

惣菜を盛りつけるときは、こまめに水けをふくことが大切。あらかじめ小さく切っておくと無駄なく使えます。

4. ピンセット

小さく切り抜いたのりやごまなどをつまみます。

5. ハサミ大・小

のりを切るときなどに使用。細かい作業用に小さめのハサミもあると便利です。

6. 金属製ストロー

大根などかたい食材などを切り抜くときに使用。

1. 木型

ごはんを抜く木型。これは私の大好きなひょうたん型。

2. クッキー型

金属製の型はオバケとこうもりのクッキー型ですが、本書では大根を抜いています。ごはんの型抜きに使ってもOK。赤いプラスチック製のしずく型は、野菜を抜いて花びらやしずくとして活用。お手持ちのクッキー型で楽しんでください。

3. 卵焼き用のひょうたん型

いつもの卵焼きも、こんな型に入れるだけで愛嬌たっぷりの1品に。

一章

春ののほほん御膳

野に花が咲き始め、日差しもやわらぎ、
春の訪れを感じ始めるころ。
心が浮き立つせいか、御膳も自然と華やかに。
手にとる器、食材、盛りつけるお料理も
若草や桜、たんぽぽや菜の花を思わせる
色のものが多くなります。
こんな風に、季節を感じながら
ゆったりした気持ちで食卓に向き合いたくて
「のほほん御膳」を作るようになりました。

春のお花見御膳

美しい桜の木から、花が舞い散る様を思い浮かべながら作りました。
公園でワイワイとお弁当を囲むのも楽しいけれど
食卓に飾った一枝の桜を眺めながら、おいしい御膳をいただく。
そんなお花見もいいなと思う昨今です。

お品書き

1. つみれボールのあられ揚げ(P114)
2. 磯辺ちくわ(P106)
3. 黒豆のあっさり煮(P105)
4. 紫キャベツの中華ナムル(P92)
5. 花れんこん(P111)
6. スナップえんどうの白だし漬け(P98)
7. 卯の花サラダ(P108)
8. たたきごぼう(P102)
9. はちみつ梅酢のところてん(P88)
10. たけのこのとろとろ煮(P110)
11. 桜のわらび餅(P116)
12. みそなす(P92)
13. 小さな伊達巻き(P27)
14. 桜と紅しょうがの押し寿司(P22)
15. ねじり桜と花びら大根の梅酢漬け(P29)

春のうららか肉巻き御膳

うららかなそよ風が心地よく、
台所に立つのも心浮き立つ春。
いつも通り、冷蔵庫の中のおかずや
食材を寄せ集めて作った御膳ですが、
おむすびに桜の帽子をかぶせてみたり、
梅酢やゆかりで野菜をピンク色に染めたり、
旬のいちごを添えたりと、
ほのかに春を意識してみました。

お品書き

1. なすの豚肉巻き（P101）
2. 梅こんにゃく（P102）
3. かぶのハニーマスタード（P108）
4. ひょうたんだし巻き卵（P26）
5. くるくるきゅうり（P29）
6. スプラウトと玉ねぎのキムチあえ（P86）
7. ジンジャーピーマン（P98）
8. おかか和風チーズバター（P106）
9. ねじり桜と花びら大根の梅酢漬け（P29）
10. 黒豆のあっさり煮（P105）
11. ゆかり大根（P88）
12. いちご甘酒（P122）
13. 桜の帽子むすび（P25）
14. カレーもやし（P94）
15. たたきごぼう（P102）

春のぬか漬け御膳

ちょこっと残ってしまった野菜は、すぐぬか床へ。
あとは魚か肉を焼いている間に、
ちょこちょこ切って盛りつけるだけ。
まるで、おばんざい屋さんで出てくるような御膳に。
野菜を季節のものにかえて、
一年中楽しんでいるお気に入りです。

お品書き

① ぬか漬け
（みょうが、きゅうり、ミニトマト、アボカド、パプリカ、コウシン大根、クリームチーズ、にんじん、大根、マッシュルーム、紫キャベツ、ゆで卵。P32）

② しょうが甘酒（P122）、桜の塩漬け添え

③ 小さな伊達巻き（P27）

④ さばの塩焼き

⑤ ひょうたんごはん（P23）

⑥ ちまき

ひな寿司ケーキ

薄焼き卵に、焼きのり、カニカマ、大葉といういつもの食材も、
ハサミで切って、ストローでくりぬくだけでかわいいひな寿司に。

寿司ケーキ

材料（直径約15cmの型1個分）

A 卵 … 1個
　塩 … ひとつまみ

B 温かいごはん … 300g
　酢 … 大さじ1
　白だし（P124）… 小さじ2
　てんさい糖 … 小さじ2
　ゆずの皮のせん切り … 適量

なたね油 … 適量
スモークサーモン … 4枚
花れんこん（P111）… 5枚
ラディッシュ … 3個
いくら … 好みの分量

作り方

1 熱した卵焼き器に油をひいて、混ぜ合わせた**A**を流し入れ、薄焼き卵を作り、細切りにする。

2 型に**1**を敷き、混ぜ合わせた**B**を詰める。型の上に皿をのせ、卵が上にくるよう裏返す。

3 **2**の上にくるくると巻いたサーモン、花れんこん、紅白になるよう皮をむいたラディッシュ、中心にいくらをのせる。

4 ひなむすび（P17）を作って**3**にのせる。

ひなむすび

材料（ひと口大2個分）

ごはん…40ｇ
薄焼き卵…1枚（約12×3㎝）
大葉…1枚
焼きのり…1枚（約8㎝四方）
カニカマ（赤い部分）…1/2本分
黒ごま…4粒

1 俵形のおむすびを2つ作り並べる。

2 大葉を縦半分に切って**1**の上にかぶせる。

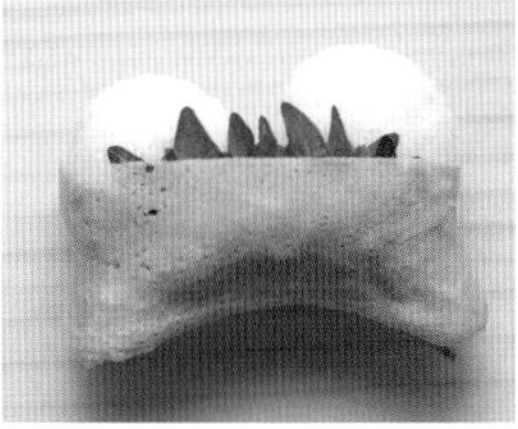

3 **2**の上に薄焼き卵をかぶせる。

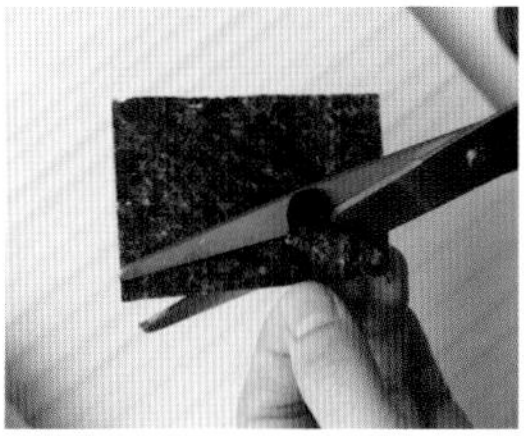

4 焼きのりを男雛の冠と女雛の髪の毛に見立てて切る。

5 **4**をのせ黒ごまを目の部分に、カニカマを口に見立ててピンセットでのせる。

6 カニカマの赤い部分にストローをさしてくりぬく。

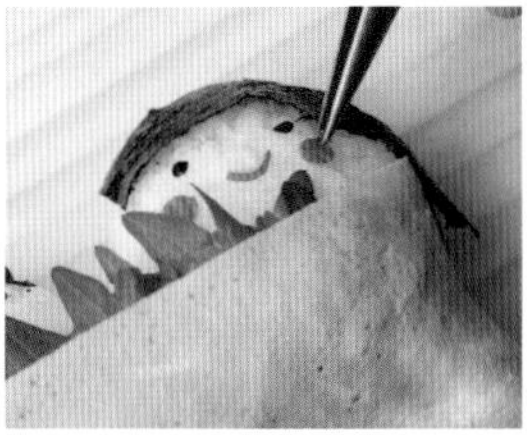

7 **6**をピンセットで頬の部分にのせる。

8 卵の上から出ている大葉はそのままでも、下に折り曲げてもよい。これをひな寿司ケーキ（P16）の上にのせる。

memo

- 切った焼きのりは、おむすびを人肌に冷ましてからつけると縮みにくい。
- おむすびが乾燥すると、具材がくっつきにくくなるので、ラップをふんわりかけながら作業するとよい。
- 大葉はヒラヒラの部分を卵の上から、はりつけてもOK。

インスタグラムで春にご紹介した御膳の中で、特に反響の大きかったものをご紹介します。

オープンカツサンド御膳

衣をつけたまま冷凍しておいたとんかつでオープンサンドを作りました。上に具材をのせるだけで華やかになるのも、オープンサンドのいいところです。肉だんごのトマトスープは昨晩の夕食の残り。あとはすべて冷蔵庫からの寄せ集めです。黒い皿は木製で漆塗り。作家名は濵端弘太さんです。

たけのこごはん御膳

たけのこごはんを娘が使っていたわっぱのお弁当箱に入れて。フライは衣をつけて冷凍しておいたもの。揚げものは直径16cmの小ぶりな鍋で、少なめの油で揚げます。いただきものの中華まんは娘と半分こしました。そのほか、市販のお惣菜や作り置きなど、お気に入りのひょうたんプレートに盛りつけて。

チヂミ御膳

ごはんも麺も見当たらなかったので急遽チヂミを焼いて主食に。盛りつけているのは、いつも奥に置いている長台皿です。寄せ集めのお惣菜を盛っている白い皿は花のフォルムを際立たせたくて下に紫の丸皿を重ねました。また蝶々の箸置きを豆皿に見立てて黒豆をのせています。春なのでお花に蝶々がとまっているイメージです。ガラスの小鉢に盛られている「卯の花サラダ」(P108)は本書にも登場しています。

春のひょうたん御膳

私は自他ともに認める「ひょうたんラバー」。丸くコロンとして、どこか愛嬌のある縁起もので、あのフォルムが大好きなんです。「のほほん御膳」の中にも、度々出現。ここにもひょうたん皿、「ひょうたんだし巻き卵」(P26)、ひょうたん形箸置きが登場しています。御膳の献立は、今日もすべて冷蔵庫からの寄せ集め。調理したものといえばおむすびくらい。焼きのりを花形のクラフトパンチで抜いて、春らしさを出しました。

つくね串バーグと子ネズミ餅御膳

今日のメインは、作り置きの「えのきたっぷりつくねだね」（P112）でミニバーグを。串をさすだけで、いつものおかずに特別感がプラスされます。デザートに、電子レンジで求肥を作ってさつまいもあんをくるんだネズミ餅を作りました。花形のれんこんやにんじんの飾り切り、豆皿など、春らしく、花を意識して御膳を作っています。質問の多いねじり桜の細工の方法などはP29へ。

春のローストポーク御膳

メインの「麹とマーマレードのローストポーク」（P100）は、「のほほんクリスマス御膳」（P69）にも登場しましたが、我が家ではイベント時だけでなく常備菜としても活躍します。デザートの「黒豆とほうじ茶の米粉パウンドケーキ」も保存食のひとつ。この御膳で、当日手間をかけたのはおむすびと電子レンジで作る「サンラータン」くらいです。ちなみに箸置きは干し野菜のれんこんです。

塩麻婆とブリの塩焼き御膳

メインの「塩麻婆豆腐」は電子レンジで作り、ブリの塩焼きは夕飯時に取り分けておいたものを温め直しただけ。あとは冷蔵庫の中のお惣菜を寄せ集めて……。と、相変わらず手間入らずな御膳です。ピンクや水色、黄色のパステルカラーの器を並べたスタイリングです。花の器や蝶々の箸置きなどで春爛漫に。

サケのレモンムニエル四角い御膳

スタイリングは木箱を使って四角をテーマにしています。木箱の周りも四角の豆皿や枡を置き、ごはんも焼きのりでチェック柄に。実は、向こう側のテーブルの木の器は木箱のふたを使っているのです。そしてお惣菜の下に笹の葉を敷くこともポイント。これだけでグッと御膳が引き締まります。

春ののほほんむすびとごはん

うららかな春の季節に作ってきたおむすびと型押しのごはんから
インスタグラムでも人気の高かったものをご紹介します。
もちろん、春以外の季節にも作って楽しんでくださいね。

桜と紅しょうがの押し寿司

1 温かいごはん150gと酢大さじ1/2、白だし（P124）小さじ1、てんさい糖小さじ1、紅しょうがのみじん切り5g、ゆずの皮のせん切り少々を混ぜ合わせる。ラップを敷き、梅の木型をのせ、ごはんを詰める。

2 ラップの上にごはんを押し出す。

3 木型を裏返して、包丁で型から離す（包丁で木型に傷つけないように注意する）。

4 **3**を器の上に置いて、5分ほど塩抜きした桜の花の塩漬けを添える。

ネコむすび

1 俵形のおむすびに、ごはんを2～3粒耳に見立ててつける。

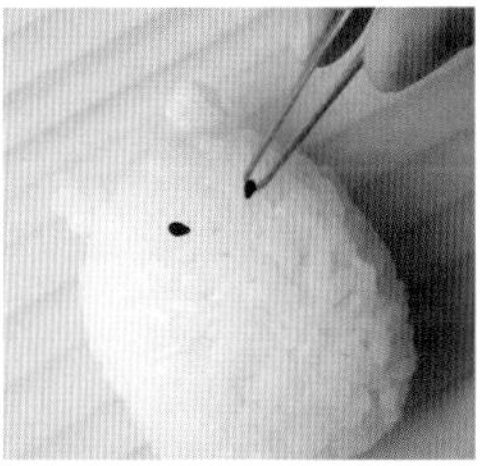

2 ピンセットで黒ごまを目の部分につける。

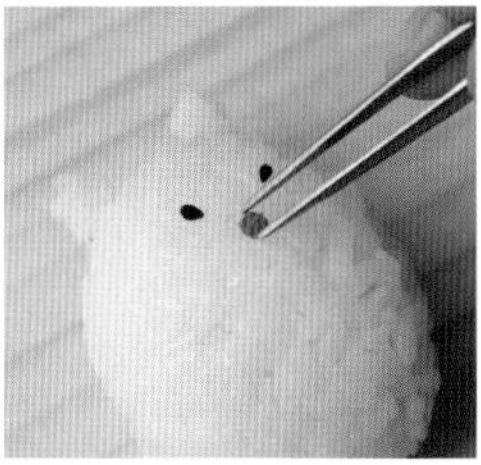

3 あられ1粒を鼻の部分につける。

4 ハサミで細切りにした焼きのりをヒゲの部分にはりつける。

ひょうたんごはん

1 ラップの上にのせたひょうたん形の木型に、白米、または玄米を詰めて押し出す。取り出すときには包丁で型から離すときれいに取れる（P22の2・3）。

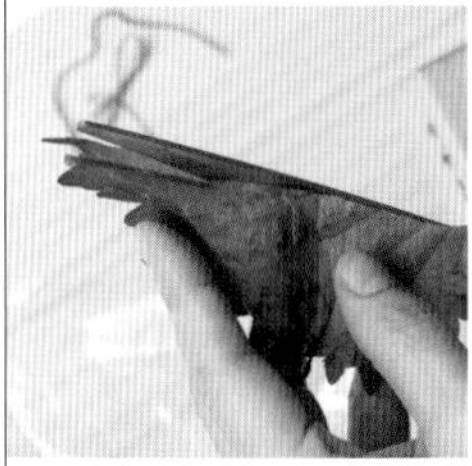

2 大葉の細切りを3本作る（カニカマの赤い部分も同じように切る）。

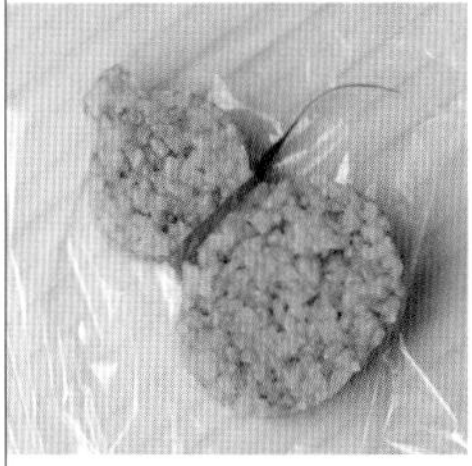

3 ひょうたんのくびれの部分に大葉を1本巻く（カニカマの赤い部分も同じように）。

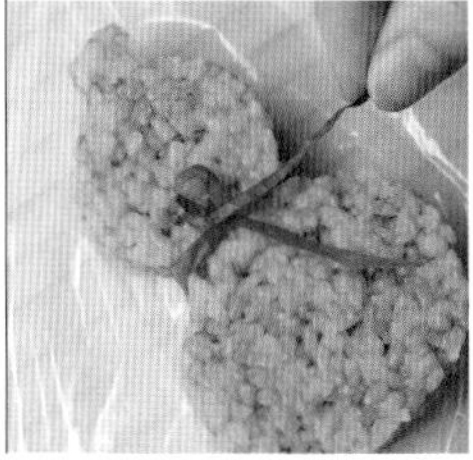

4 残りの大葉2本で輪を作り、りぼん形に形作る（カニカマの赤い部分も同じように）。

お花畑とネコむすび

花たまごをときにはタンポポ、ときには菜の花と春の花に見立て、ネコむすびを置いて。花畑で遊ぶネコをイメージしたおむすび御膳です。

1 溶き卵1個に塩少々を加えて薄焼き卵を2枚作る。1枚を半分に切り、それを横長に半分に折る。

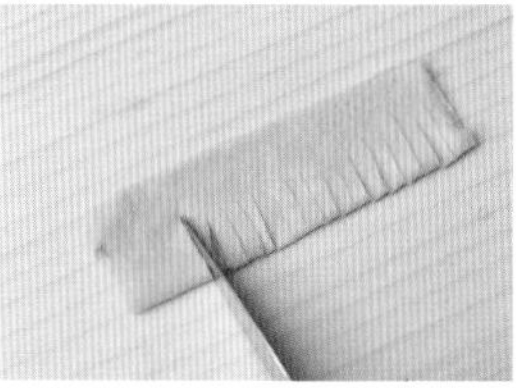

2 輪の部分に5mm幅程度の切り込みを入れていく。

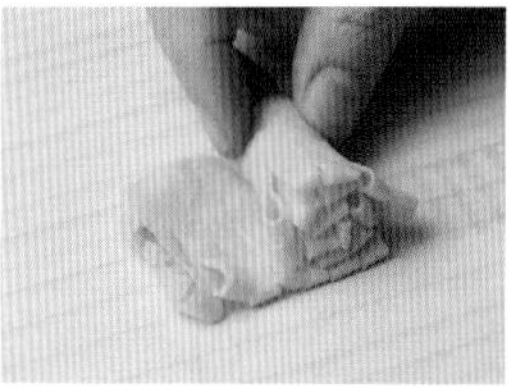

3 端から巻いたら、完成。ネコむすび（P23）とともに器に並べる。

memo

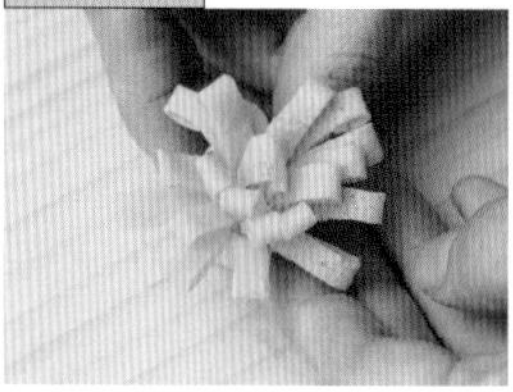

もしも、根本がほどけてしまう場合は、根本をつまようじでとめるとよい。

おんぶむすび

作り方

1 俵形のおむすびを作り、ピンセットで黒ごまを目の部分にのせ、カニカマの赤い部分を口に見立てて切ってはる。

2 ボイルしたホタルイカを1.5cm幅に切った焼きのりで背負わせる。

3 頭にキムチや好みの即席豆腐ディップ(P118)をのせる。

応援むすび

作り方

1 俵形のおむすびを作り、ピンセットで黒ごまを目の部分にのせ、焼きのりを口に見立てて切ってはる。

2 あれば手形パンチで焼きのりを抜き、おむすびにはる。胴体の部分に焼きのりを巻く。

3 カニカマの赤い部分を1本裂き、ハチマキに。また残りのカニカマで「合格」の文字をはりつける。

桜の帽子むすび

作り方

1 俵形のおむすびを作り、ピンセットで黒ごまを目の部分にのせ、焼きのりを口に見立てて切ってはる。

2 桜の花の塩漬けを5分ほど水につけて塩抜きし、水けをきって頭の部分にのせる。

3 半分に折った大葉の上におむすびをのせる。

［ のほほん卵おかず ］

カニカマとねぎの卵焼き・焼き印つき

保存
冷蔵で2日間

材料（作りやすい分量）

A 卵 … 2個
白だし（P124）… 小さじ1
マヨネーズ … 小さじ1
カニカマ … 2本（手でざっくりほぐす）
青ねぎ（小口切り）… 大さじ2
なたね油 … 小さじ1/2

作り方

熱した卵焼き器に油をひき、混ぜ合わせた**A**を数回に分けて流し入れながら巻く。

焼き印の押し方

1 焼き印を火で3分ほどじっくりあぶる。

2 食べやすい大きさをに切った卵焼きに焼き印を、そっと押しつける。市販のどら焼きやカステラ、おまんじゅうに焼き印してもかわいらしい。

memo

栗と千鳥の焼印。ネットショップで購入可。

ひょうたんだし巻き卵

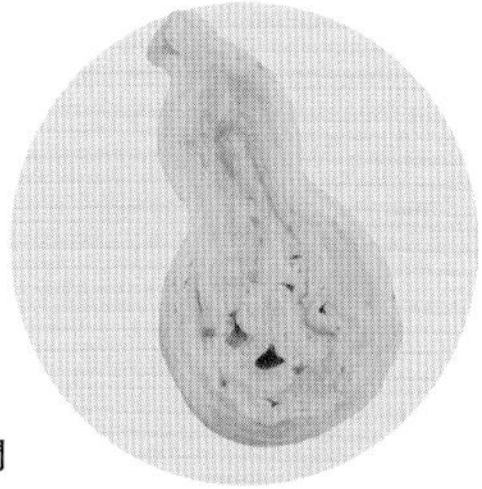

保存
冷蔵で2日間

材料（作りやすい分量）

A 卵　2個
白だし（P124）… 小さじ2
マヨネーズ … 小さじ1
なたね油 … 小さじ1/2

1 熱した卵焼き器に油をひき、混ぜ合わせた**A**を数回に分けて流し入れながら巻く。巻きすの上にひょうたん型を置き、卵焼きをのせて挟む。

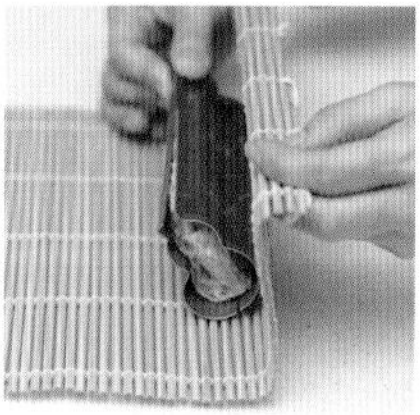

2 **1**を巻きすで包み、輪ゴムで数カ所とめて、そのまま冷ます。食べやすい厚さに切る。
※型は「有次」のもの。

いつもの卵焼きをひょうたん形にしたり、ちょっとカラフルにしたり、
焼き印を押したり、小さな伊達巻きにしたりするだけで、
卵が愛嬌たっぷりに変身します。

小さな伊達巻き

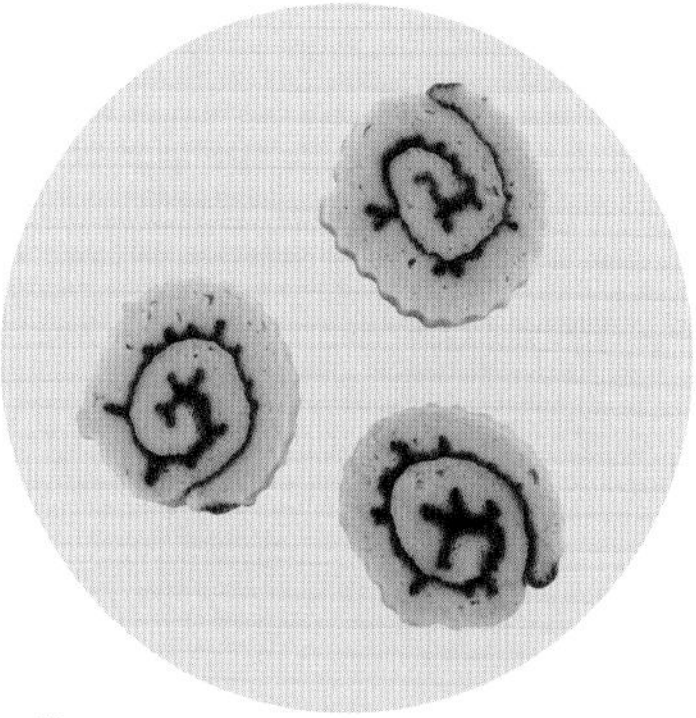

材料（作りやすい分量）

A 卵 … 1個
はんぺん … 50g（約1/2枚分）
麺つゆ（P125）… 小さじ1
てんさい糖 … 大さじ1/2

なたね油 … 小さじ1/2

保存
冷蔵で3日間

1 フードプロセッサーに**A**を入れて、なめらかになるまで30秒ほど攪拌する。

2 熱した卵焼き器に油をひき、**1**を流し入れてヘラで均等に生地をのばし、弱めの中火で2分加熱する。

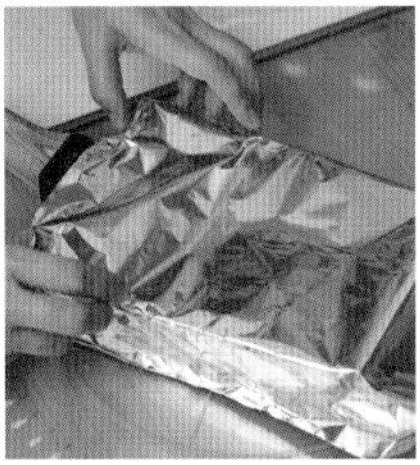

3 **2**にアルミ箔をかぶせ弱火にして2分焼いたら火を止める。

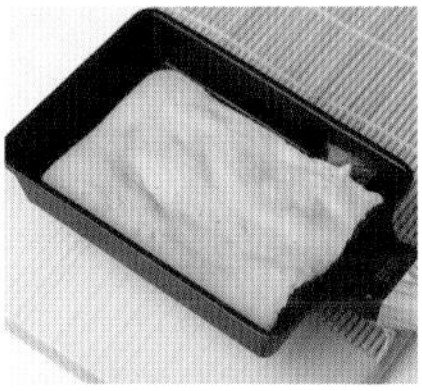

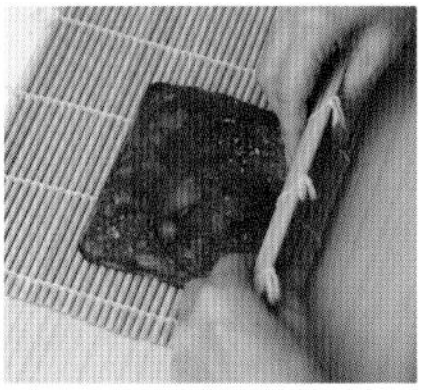

4 焼き色が白い方を下にして巻きすに置く。

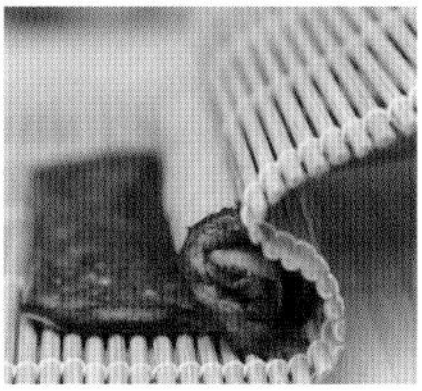

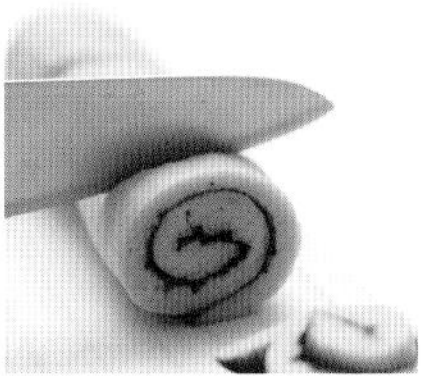

5 手前から巻いてそのままの状態で粗熱をとったら、食べやすい厚さに切る。

[野菜とりんごの飾り切り]

飾り切りと聞くと難しい技術が必要なように思われるかもしれませんが、そんなことはありません。野菜や果物にひと手間かけるだけで、まるでお店で出てくるような華やかなひと皿に仕上げられます。ぜひ、トライしてみてください。

ラディッシュの飾り切り

1 包丁を両側から斜めに入れて身を切り取る。

2 **1**とクロスするように両側から斜めに包丁を入れて身を切り取る。

3 さらに、縦に1本、同じく両側から斜めに包丁を入れて身を切り取る。

くるくるにんじんのマリネ

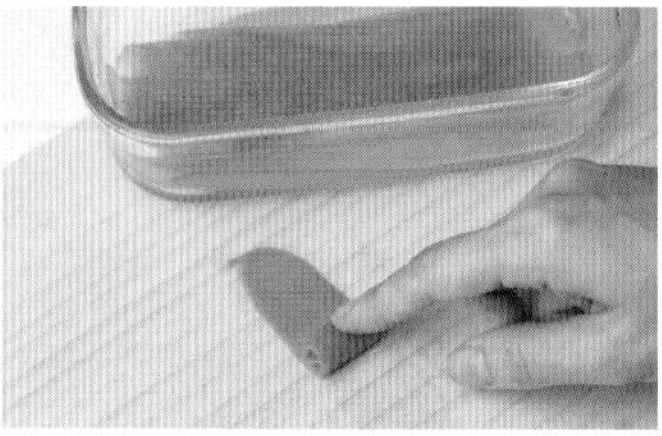

1 にんじん1/4本分をピーラーで縦にスライスし保存容器に入れる。酢大さじ1、レモン果汁大さじ1/2、はちみつ大さじ1を混ぜ合わせたものを注ぐ。盛りつけるときに、端からくるくる巻く。

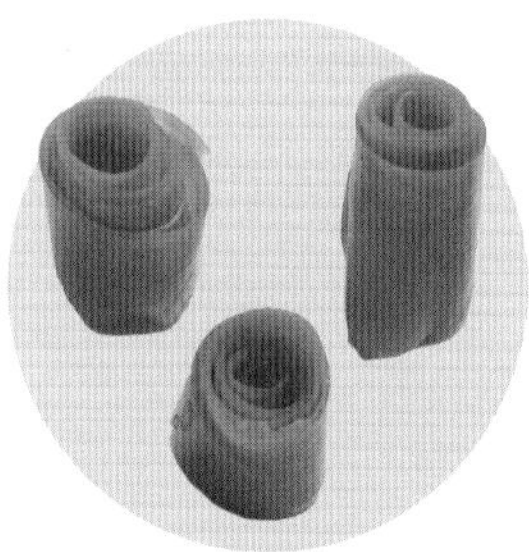

保存
冷蔵で1週間

くるくるきゅうり

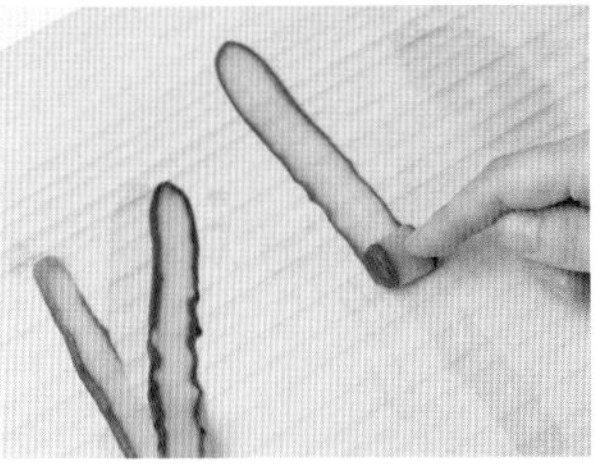

1 きゅうり1/4本分をピーラーで縦にスライスし、盛りつけるときに、端からくるくる巻く。

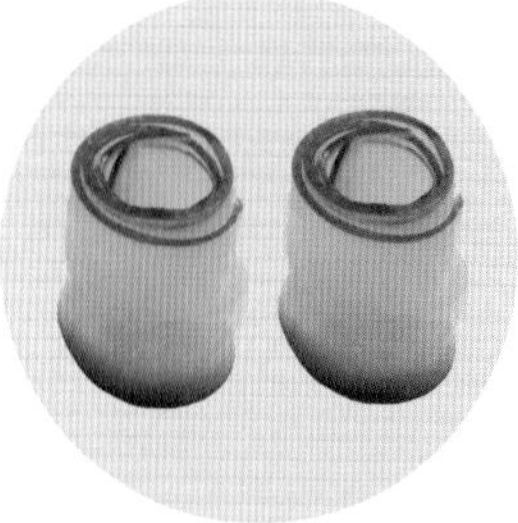

ねじり桜と花びら大根の梅酢漬け

保存
冷蔵で1週間

1 5mm厚さの輪切りにした大根を桜形と涙形で抜く。

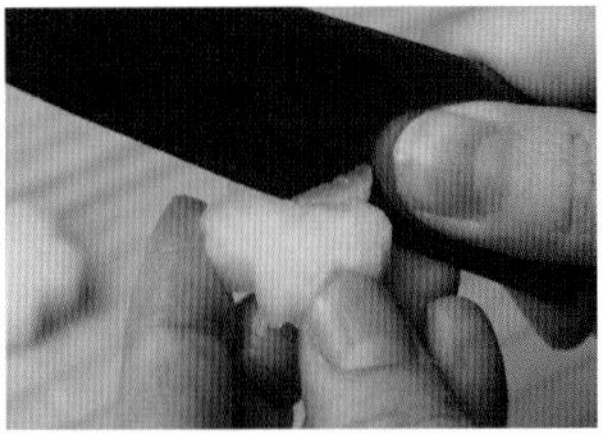

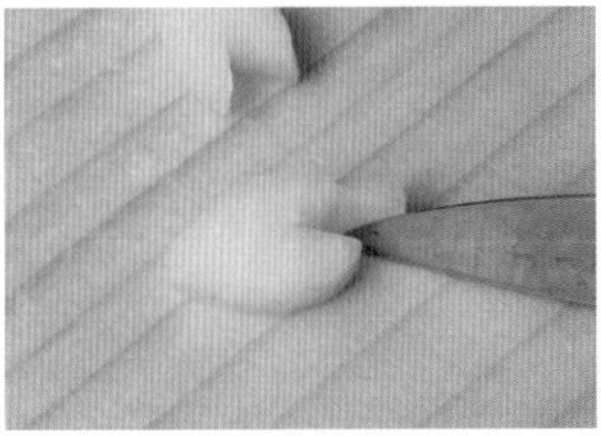

2 桜形の花びらと花びらの間に斜めに包丁を入れて身を切り取る。涙形はくの字形に切る。

3 保存容器に型抜きした大根を入れ、梅酢大さじ1、てんさい糖大さじ2、水大さじ2を混ぜ合わせて注ぎ1日以上おく。

落ち葉の煮つけ

材料（作りやすい分量）

5mm厚さの型抜き大根 … 10枚
麺つゆ（P125）… 大さじ1/2
水 … 大さじ1

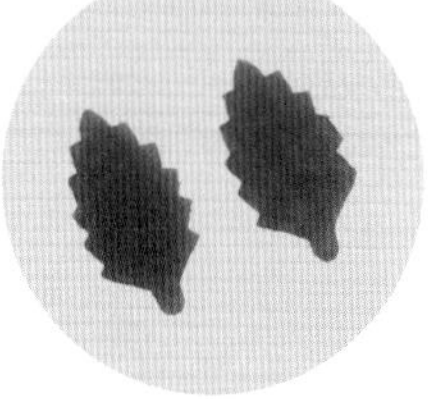

作り方

1 耐熱ボウルにすべての材料を入れてふんわりラップをかけ、電子レンジで1分半加熱し、そのまま冷ます。

保存
冷蔵で3日間

落ち葉のグラッセ

材料（作りやすい分量）

5mm厚さの型抜きにんじん、紫いも … 各5枚
水 … 大さじ1
てんさい糖 … 大さじ1/2
発酵バター … 3g

作り方

1 少し大きめの耐熱ボウルにすべての材料を入れてふんわりラップをかけ、電子レンジで1分半加熱し、そのまま冷ます。
※紫色の葉のグラッセ（紫芋）は色移りするため、時間に余裕があれば別のボウルで加熱するとよい。

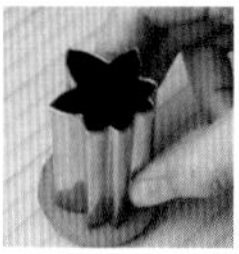

もみじ型で型抜きした場合、葉と葉の間の窪み部分に包丁を入れ、1mm程度身をそぐとよい。

りんごの格子切り

1 くし切りにしたりんごの皮に、縦に5mm幅ずつ切り目を入れていく。

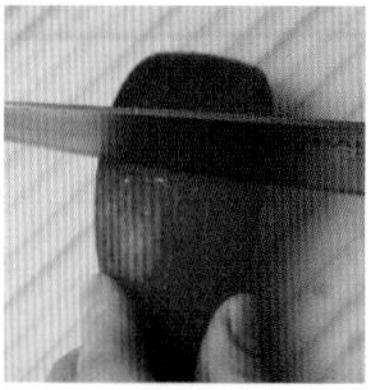

2 マス目ができるよう、横に5mm幅に切り目を入れる。

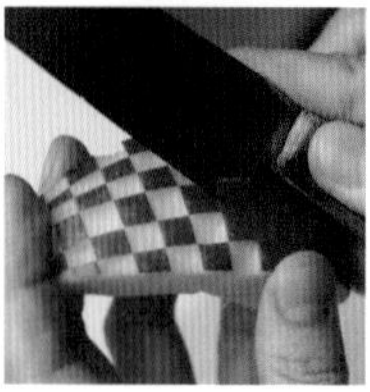

3 紅白の格子状になるように、包丁の角でマス目ごとに皮をむく。

ぬか漬けは一年中「のほほん御膳」に登場します。

ぬか漬けを意識し始めたのがかれこれ40年ほど前。私が小学生だったころ、家族が多かったこともあり、家には壺型の大きなかめがズラリと並んだ部屋がありました。かめの中には大量に漬けこまれた梅干しやぬか床が入っていて、そのぬか床を懸命に混ぜる母を見て育ちました。

ある日それが当番制となり、酸っぱいにおいのするぬか床を混ぜるのは小学生の私には少しキツかった記憶があります。でも食べると本当においしい!!

そんな当時の暮らしがきっと今の発酵食好きに繋がっているのかも知れません。

どうしても食卓の脇役、地味なイメージのあるぬか漬けですが、栄養価はとても高いもの。ぬか床に含まれる植物性乳酸菌が腸内環境を整えて免疫力をアップ。さらに漬けた食材の栄養価もグンとアップさせてくれるというからとてもありがたい存在です。半端に余った野菜をぽんぽんっとぬか床の中へ入れておけば、それだけで立派な一品になります。

ちょっと変わった食材を入れて「これを漬けたらどんな味になるかな?」なんて待つのもこれまた楽しみな時間です。

ぬか床をいちから作るのはちょっと……という人は、すぐに本漬けができるぬか漬けキットも今は手軽に入手できますから、頼ってみるのもいいかもしれません。

ぬか床は冷蔵庫で保存すれば3~4日に一度混ぜるだけで大丈夫ですから、気軽に始めてみてくださいね。

自分の手で醸し出すってとても楽しいこと。環境の違いや作る人によって味の変化を楽しめるのも発酵食の面白いところだと思います。

ぬか漬け茶漬け御膳

ぬか漬けをお供にサラサラとお茶漬けを楽しむ御膳。食欲がないときや、小腹がすいたときにおすすめです。

ぬか漬け晩酌セット

夏の暑い日に、ぬか漬けを酒の肴にして冷酒をキュッといただく。そんな日の御膳です。

[こころのたね。yasuyoの**ぬか漬けレシピ**]

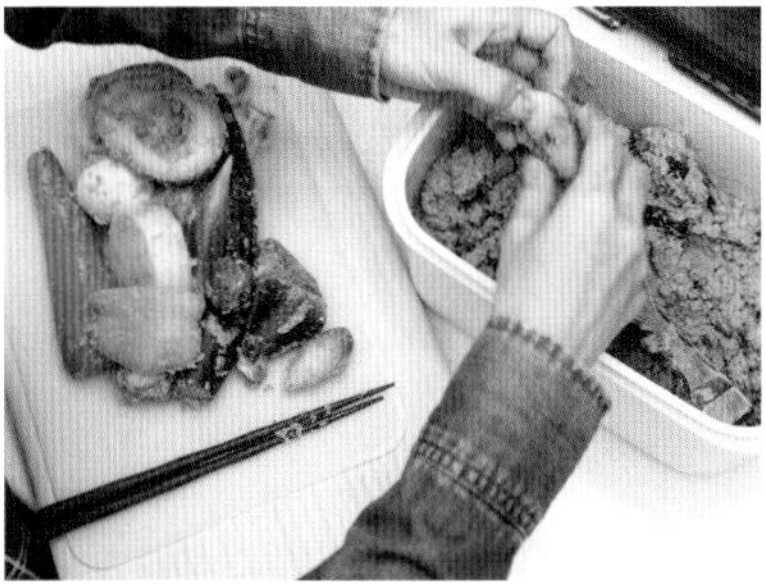

ぬか床memo

- 本漬けした容器は冷蔵庫で保存し、混ぜるのは3～4日に1回程度。
- 容器内側についたぬかはカビの原因になるので、きれいにふきとる。
- ぬか床の水分が気になりだしたら、ペーパータオルでぬか床の表面を覆ってひと晩おくか、新しいぬかを足して調整し、塩も少しずつ追加する。

ぬか漬けが完成する目安期間

きゅうり	2～3日
なす（軽く塩もみして、塩をふきとってから漬ける）	5日
にんじん	5日
エリンギやマッシュルーム	1～2日
かぶや大根	3日
ゆで卵	2～3日
ミニトマト（湯むきしてペーパータオルに包む）	2～3日
ラディッシュ	3日
アボカド（完熟する前のもの）	2～3日
みょうが	5日
クリームチーズ（ペーパータオルに包む）	1～2日
木綿豆腐（水きりしてからペーパータオルに包む）	1～2日

材料（4ℓの保存容器ひとつ分）

米ぬか（生）… 1kg

A 天日塩 … 120g
浄水 … 800～1ℓ
（一度沸騰させた水か、ミネラルウォーターを使用）

B 赤唐辛子 … 2～3本分
昆布 … 2枚（約10cm四方分）
ゆでた実山椒 … 小さじ1～2

捨て漬け用の野菜くず（水分多めのものがよい）
… 適量

本漬け用の食材（好みの野菜）… 適量

作り方

1 大きめのボウルに米ぬかを入れ、混ぜ合わせた**A**を少しずつ加えながら手で混ぜ、耳たぶ程度のかたさに調整し**B**を混ぜ込む。米ぬかを保存容器に移して野菜くずを加えたら、ぬかの空気を抜くように表面を押さえながら平らに整え、側面についたぬかをふきとって、冷暗所で保存する。

2 ぬか床が熟成するまで（夏場5～7日、冬場7～10日）は、毎日ぬかを底から1日1～2回混ぜ、野菜くずを3日に1回取り替える。

3 ぬか床が熟成したら野菜くずを取り出し、本漬け用の食材をサッと洗い、水分をふきとってからぬか床へ入れて本漬けする。

※ぬか漬けの手順はYouTube「こころのたね。」にアップしています。

二章

夏ののほほん御膳

ここ数年の夏の暑さは強烈で、ほとほとまいってしまいます。
コンロの前に立つのもおっくうに。
でも、そんな夏こそ「のほほん御膳」が活躍します。
元々「のほほん御膳」は、冷蔵庫からの寄せ集めごはんや
電子レンジを活用して作るお惣菜がメインですから、
火はほとんど使いません。
ひと口ずつ、ちょこちょこ食べるスタイルなら
自然とお箸も進みます。
大好きなガラスの器を使えるのも夏の楽しみのひとつです。

夏ののっけ寿司御膳

暑い夏の日には、
色あざやかな「のっけ寿司」をよく作ります。
ちょこちょこ余っているお惣菜をのせるだけ。
火を使わないのも嬉しいところです。
冷たいものばかりだと体を冷やすので、
温かい汁わんもつけて。

お品書き

1. のっけ寿司（P42）
2. 黒ごまトマト（P86）
3. 梅こんにゃく（P102）
4. クリームチーズのわさびじょうゆあえ（P106）
5. 抹茶ごま豆腐（P97）
6. つみれとなめこのおみそ汁（P114）
7. ごまだれえのき（P106）
8. ナタデココのキウイ添え

のほほんおつまみ御膳

贅沢な時間のお供にふさわしい
冷酒やビールに合う御膳です。
ちびちび、のんびりいただく
おつまみを、ちょこちょこ盛りつけました。
この御膳は夏バージョン。
季節に合わせてアレンジし、一年中楽しんで。

お品書き

① 花れんこん（P111）
② ペペロン枝豆（P98）
③ ゴーヤフライ（P104）
④ 梅こんにゃく（P102）
⑤ しいたけチーズ（P102）
⑥ クリームチーズのわさびじょうゆあえ（P106）
⑦ 紫キャベツの中華ナムル（P92）
⑧ おむすび
⑨ 生サケのごま山椒みそグリル（P120）
⑩ チーズ煎餅（P96）
⑪ かぼちゃボール（P90）
⑫ トマトの活け造り（P86）
⑬ 梅の薬味冷や奴（P49）
⑭ パイナップルの甘酒アイス（P122）
⑮ 冷酒

のほほん七夕御膳

私の夏の定番メニューといえば、
レモンソーダでいただくシュワシュワのおそうめん。
でも、それだけだと栄養も偏りがちなので
私がよく合わせるのが、
野菜もたんぱく質も手軽にとれる生春巻き。
もう少しガツンと食べたいときは天ぷらをつけたりしても。

お品書き

1. レモンソーダのシュワシュワそうめん（P38）
2. 星形ごはんにパプリカの星添え
3. 生春巻きサラダ、
即席豆腐ディップ5種（P118）
4. 梅の冷製茶碗蒸し（P109）
5. ぴりぴりトマトのだしびたし（P86）
6. ブルーベリーヨーグルト

レモンソーダの
シュワシュワそうめん

材料（1人分）

そうめん … 100g（2束くらい）

A 麺つゆ（P125）… 大さじ1

炭酸水 … 50mℓ

レモンの薄切り … 1枚

B 青ねぎ（小口切り）

おろししょうが

大葉のせん切り

練りわさび … 各適量

1 たっぷりの熱湯（分量外）でそうめんをメーカーの表記通りの時間ゆでて流水でしめる。ひと口分ずつフォークですくって、流水にあてながらそうめんの流れを整える。

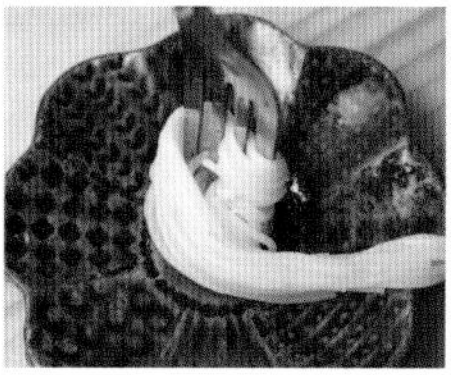

2 **1**を小皿の上でくるくると巻く。器へ盛りつける。

別の器に**A**を入れてレモンを浮かべ、**B**を添える。

そば寿司

夏の麺料理。
インスタグラムにのせて
とても人気があったのが
「そば寿司」。
作り方のリクエストも
多かったのでご紹介します。

材料（1本分）

そば…1玉（約100g分）

A 卵 … 1個
白だし（P124）… 小さじ1/2
マヨネーズ … 小さじ1/2

B 白だし（P124）… 大さじ1/2
米酢 … 大さじ1/2
てんさい糖 … 大さじ1/2

C 大葉 … 3枚
紅しょうが … 適量

焼きのり … 1枚
なたね油 … 適量

1 熱した卵焼き器に油をひき、混ぜ合わせた**A**を数回に分けて流し入れながら巻き、だし巻き卵を作る。

2 ボウルに**B**を入れて混ぜる。ゆでて、しっかり水けをきったそばをボウルに加えて混ぜ合わせ、下味をつける。

3 巻きすに焼きのりをのせ、その上の手前側2/3に、**2**のそばを流れを整えながらのせる。

4 **3**のそばの中心に**1**の卵焼きと**C**をのせる。

5 巻きすを手前からクルクルとしっかり巻く。好みの大きさに切って器に盛る。

オムのぼり御膳

「こどもの日」に、しゃれで鯉のぼりに
見立てて作ってみたオムライス。
インスタグラムで大きな反響があり、
お孫さんやお子さんに作ったという方から
たくさんコメントをいただきました。
特に、ウロコ部分について多くの
質問をいただいたので手順を丁寧にご紹介します。

お品書き

① オムのぼり(P41)
② 麹きのこのオイル漬け(P102)パスタあえ
③ アボカドグラタングリル(P97)
④ あさりのレモンバタースープ(P96)
⑤ 緑茶のレトロゼリー(P116)

オムのぼり

材料（1人分）

A 温かいごはん … 180g
ウインナー … 2本
ケチャップ … 大さじ2
黒こしょう … 適量
塩 … 少々

B 卵 … 2個
マヨネーズ … 小さじ1

なたね油 … 小さじ1/2
マヨネーズ、ケチャップ、
とんかつ（濃厚）ソース … 各適量

作り方

1 ウインナーは耐熱ボウルにひたひたの水と共に入れて電子レンジで1分半加熱し（ラップはしない）、5mmの輪切りにする。

2 ボウルに**A**を入れて混ぜ合わせ、ケチャップライスを作り、ラップに包んで長方形に成形する。

3 熱したフライパンに油をひいたら弱めの中火にし、中央に混ぜ合わせた**B**を流し入れる。その状態で2分焼いて火を止め、粗熱をとる。

4 まな板にラップを敷き、そこへ**3**を置く。さらに**2**をのせ左・上・下の卵をラップごと折りたたむ。

5 器をかぶせて裏に返し、上面のラップをはがす。尾びれになる部分を箸でキュッと押して形を整える。

6 ケチャップとマヨネーズで卵の上に写真のようにラインを描き、尾びれの方向から頭に向かって箸をスーッと動かして模様をつける。

7 仕上げにマヨネーズとソースを重ねて目を描き、尾びれにもソースで模様をつける。

※より詳細な手順はYouTube「こころのたね。」にアップしています。

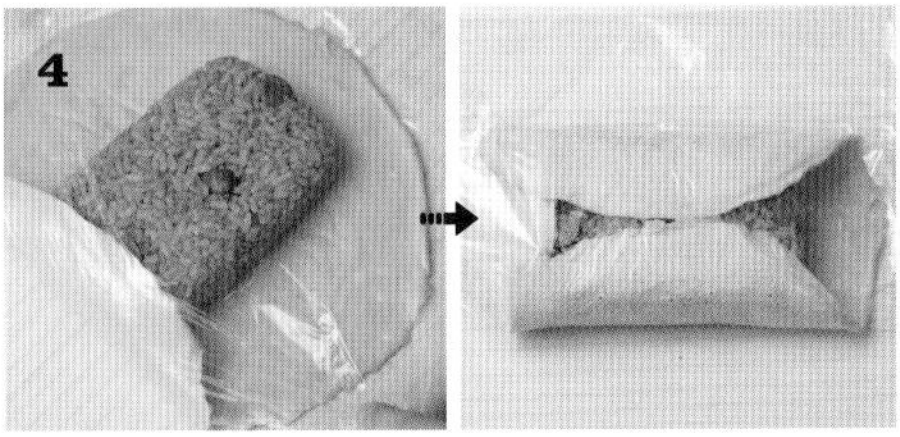

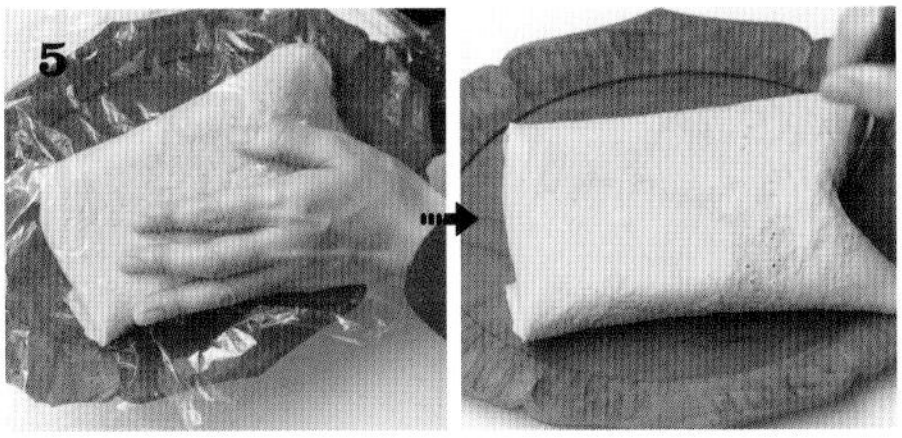

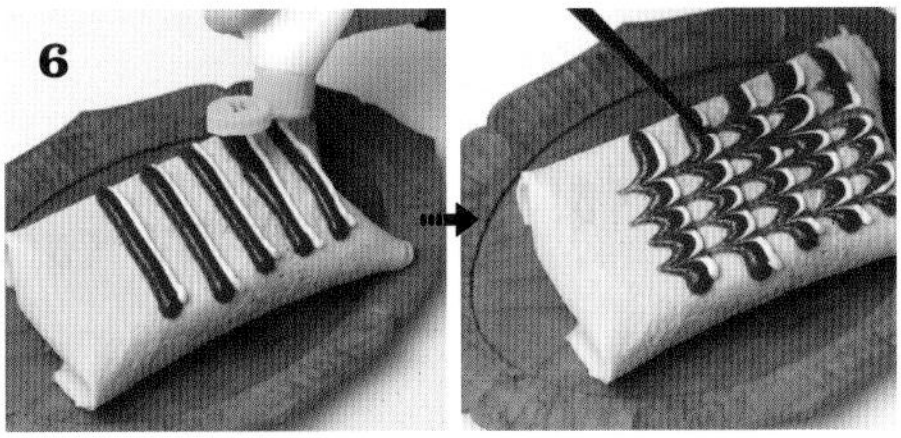

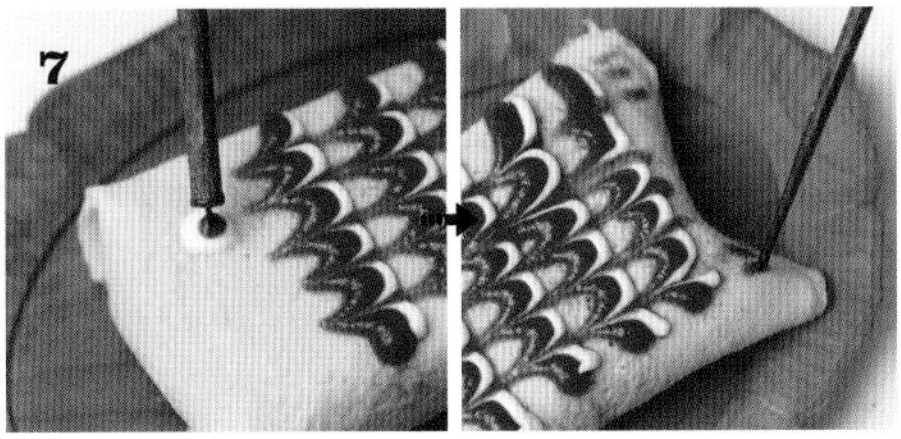

のっけ寿司

「夏ののっけ寿司御膳」のメインです。
竹の箱に酢めしを詰めて、
あとは冷蔵庫にあるお惣菜を
ちょこちょことのっけていくだけ。
簡単でカラフルで、食欲のない夏に、
うってつけのお寿司です。

材料（1人分）

A 温かいごはん … 200g
酢 … 大さじ1/2
白だし（P124）… 小さじ1
てんさい糖 … 小さじ1
ゆずの皮のせん切り … 適量

B ゴーヤのツナあえ（P98）、紫キャベツの中華ナムル（P92）、パプリカ白だしナムル（P94）、紅白なます（P109）、柚子こしょうツナマヨコーン（P94）、しいたけチーズ（P102）、花れんこん（P111）… 各適量

作り方

1 **A**をボウルに入れて混ぜたら、抗菌シートを敷いた箱に詰めて**B**をのせる。

※上にのせるものはお好みで。

夏ののほほんむすびとごはん

夏らしさを表現した、人気のおむすびを2つご紹介します。
うちわむすびに使った金魚の型、実は、羽根つきの羽根の型なんです。

スイカむすび

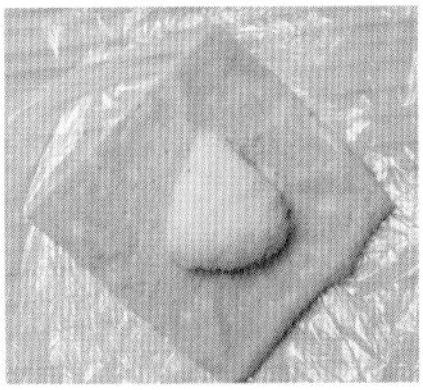

1 ラップの上に薄焼き卵を敷き、中央に三角形のおむすびをのせる。

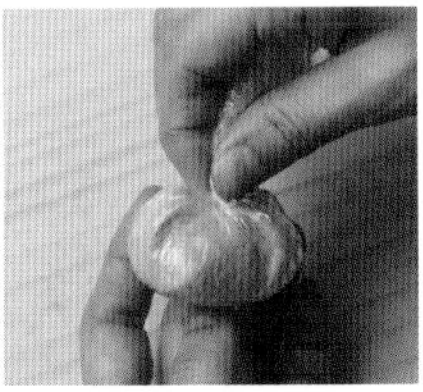

2 **1**をラップごと茶巾のように絞る。

3 皮にあたる部分にスプーンの裏でマヨネーズを塗る。

4 **3**に青のりをつけ、身の部分にケチャップを塗る。種の部分は、箸の先にとんかつ（濃厚）ソースをつけてのせていく。

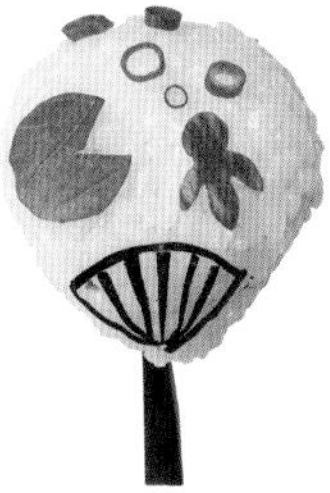

うちわむすび

1 カニカマの赤い部分をはがし、羽根つきの羽根の型で抜き、金魚に見立てる。

2 小さな三角形のおむすびを作る。青ねぎの小口切りを数個、うちわの軸用にきゅうりの細切りを1本、ハサミで大葉をハスの葉の形に切る。うちわの骨の部分は焼きのりを切って作る。

3 おむすびに、カニカマ金魚や大葉のハスなどをピンセットでのせる。器に置いたら、きゅうりを軸に見立てて置く。

インスタグラムから、夏らしい食材と器を使った御膳をご紹介します。

カレーつけそば御膳

夏に食べたくなるものといえばカレーと麺類。多めに作っておいた夕食の和風カレーを利用してつけそば御膳を作りました。ちょっと贅沢しておそばとうどんの両方を食べられる献立に。ひと口ずつ盛りつけるこのスタイルは、食べやすく見た目も面白く、食欲をそそります。麺をひと巻きずつ盛りつける方法は「レモンソーダのシュワシュワそうめん」(P38)で紹介しています。

ハンバーグとたこ焼き御膳

前の晩の豆腐ハンバーグと我が家の作り置きの定番、米粉たこ焼きをメインに、カラフルに仕上げました。夏祭りを思い起こさせるたこ焼きや、うちわをかたどったプレート、すだれ風ランチョンマットで夏の気分を演出しました。かぼちゃの冷製ポタージュスープは暑い日においしくいただけます。

ブリのハーブレモン焼き御膳

この日のメインは小さいのですがブリです。ハーブソルトをふって焼き、仕上げにレモンをギュッ。さっぱり食べられるので夏におすすめです。木箱はおそうめんが入っていたものを再利用しています。そして「ラディッシュの甘酢漬け」や「ちくわの磯辺炒め」などがのっているガラスの器は、実は箸置きなんです。ごはんは、こんな風に焼きのりで模様をつけるだけで、御膳がグッと盛り上がります。

ネバネバうどん御膳

猛暑をのりきるため目から涼を!との気持ちから、ガラスの器づくしでセッティングしました。冷たいものばかりだと体を冷やすので、「えのきたっぷりつくねだね」(P112)から作った「つくねボールのそばの実フライ」を献立に加えて。ガラスの小鉢に直接盛るより、カゴに入れてからセットすることで、温かそうに、おいしそうに見える効果が。黒い台皿に並べたゆで卵や野菜、クリームチーズはぬか漬けです。

夏ののほほんおせち

おせち料理は、1品1品を見ると特別なものはほとんどなく、むしろ日常の食卓で一年中重宝する作り置きおかずの宝庫だということは「のほほんおせち」(P76)のコラム欄でも書きました。実際、こうして夏に「おせち」を食べることも。ガラスの器によそうだけで雰囲気もガラッと変わります。冷茶や冷酒でいただく夏のおせち、おすすめです。

サバカレーとフランスパン御膳

サバ缶を使って電子レンジで作れる即席カレーにパンを添えて。あとはすべて作り置きおかずの寄せ集め御膳です。実はごはんを切らしてしまったのでパンにしたため、いつもの御膳とは雰囲気がちょと変わります。高さのあるグラスをデザート用の器にすることでメリハリのあるスタイリングに。イグサのテーブルランナーも夏にはよく登場するアイテムです。

肉巻きトマトスープ御膳

昨夜の夕飯メニューから、かろうじて1杯分余ったスープに作り置きの肉巻きを入れて一緒に温めました。加熱のひと手間も省け、ボリュームアップもできて一石二鳥です。トレーの手前に並んでいるのはおちょこ。ちょこっとずつ余っているおかずを盛ると、ほどよくおさまるので、よく使います。数粒の黒豆は、先端が二股に分かれている松葉串にさすことで、立体的に盛りつけることができます。

ぎょうざと冷たいスープの御膳

甘酒や冷製スープ、そしてぎょうざなど夏バテ気味のときでも、無理なく食べられ、元気を取り戻すための献立です。皆さんから評判のよかった「オバケ餅」は、マッシュしたさつまいもボールを、電子レンジで作った求肥で包み黒ごまで目をつけました。1プレート盛りでも、のっぺりした印象にならないよう、高台のついた器や、小さなグラスを使って高低差をつけたスタイリングにしています。

おいしくて簡単な夏の副惣菜

冷や奴アレンジ6種

豆皿の上にちょこんとのった冷や奴は、見た目もかわいらしく、1つあると重宝するメニューです。1つの御膳に2～3種類並べることもあります。

トマトと塩昆布の冷や奴

材料（1個分）

絹ごし豆腐 … ひと口大
ミニトマト（赤・黄）… 薄切り3～4枚
塩昆布、ごま油 … 各適量

作り方

豆腐に、ミニトマトと塩昆布をのせてごま油を回しかける。

揚げ玉のカリカリ冷や奴

材料（1個分）

絹ごし豆腐 … ひと口大
紫キャベツの中華ナムル（P92）、揚げ玉、青ねぎの小口切り、すだちの薄切り、ポン酢、ごま油 … 各適量

作り方

豆腐に、各材料をのせ、ポン酢とごま油を回しかけ、すだちを添える。

しらすと山椒みその冷や奴

材料（1個分）

絹ごし豆腐 … ひと口大
しらす、ごま山椒みそ（P120）、クコの実、
青ねぎの小口切り、ラー油 … 各適量

作り方

豆腐に、しらすをのせ、上にごま山椒みそ、クコの実、青ねぎをのせ、ラー油をかける。

アボカドわさびの冷や奴

材料（1個分）

絹ごし豆腐 … ひと口大
アボカド、カツオ節、ラディッシュの
薄切り、レモンのイチョウ切り、わさびじょうゆ、
… 各適量

作り方

豆腐に、アボカド、カツオ節、ラディッシュをのせ、わさびじょうゆを回しかけ、レモンを添える。

梅の薬味冷や奴

材料（1個分）

絹ごし豆腐 … ひと口大
梅干し、大葉のせん切り、白ねぎの小口切り、
みょうがのせん切り、おろししょうが、
しょうゆ … 各適量

作り方

豆腐に、各材料をのせ、しょうゆを回しかける。

オイルきのこの冷や奴

材料（1個分）

絹ごし豆腐 … ひと口大
麹きのこのオイル漬け（P102）、
三つ葉、黒こしょう … 各適量

作り方

豆腐に、麹きのこのオイル漬けと三つ葉をのせ、黒こしょうを全体にふる。

夏に作る保存食、干し野菜のススメ

私の夏の楽しみのひとつに、干し野菜作りがあります。

カンカン照りに晴れた日は、野菜を干さずにはいられません。ざくざく刻んだ野菜をざるにざっくり広げて天日干し。野菜が完全に乾けば、旨みと香りがギュッと凝縮。栄養たっぷり干し野菜の完成です。煮ものに入れたり、水で戻してあえものにしたり。干し野菜は切る手間がいらないので時短調理にもつながりとても重宝します。

干し野菜の切り方と乾燥時間の目安

- にんじんは細切りにし、炎天下で1日。
- ゴーヤは薄切りにし、炎天下で1日。
- きのこ類はほぐしたり、薄切りにして炎天下で2日。
- れんこんは薄い輪切りにして炎天下で2～3日。
- 大根は細切りにして炎天下で3日。
- 玉ねぎは薄切りにして炎天下で3日。

※保存の目安：常温で6カ月

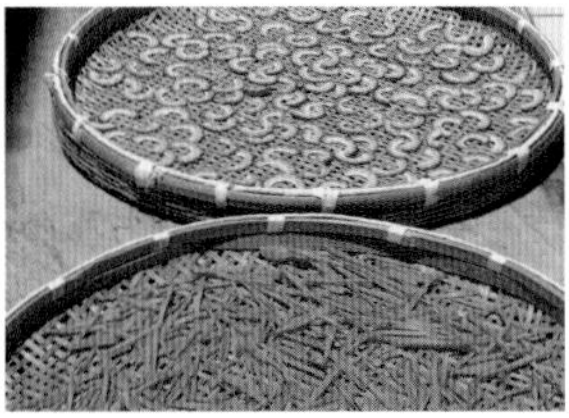

干し野菜の作り方

切った野菜を干しざるの上にざっくり広げて2時間くらいしたら混ぜかえす。乾きが遅いものはたまに、手があいたときに混ぜると、乾きが早い。

ごぼう茶のススメ

干し野菜作りのもうひとつの楽しみが「ごぼう茶」作りです。

ごぼうの土を洗い落として、皮ごと5㎜ほどのあられ切りにしたら水にはさらさずそのまま干しざるに広げ、天日に1日干します（部屋干しなら3日程）。

カラカラに乾いたらフライパンで焦げないように弱めの火で8分ほど煎って完成です。お湯を注げば香ばしいごぼう茶の完成です。

※網目から落ちないようにペーパータオルを敷いて干す。

干し野菜のおみそ汁

※干し野菜の汚れが気になる場合は、使う前にサッと水洗いする。

材料（1～2人分）

A 干し野菜（玉ねぎ、にんじん、大根、なす、きのこ）… 各3gくらい
　だし汁（P124）… 500㎖

みそ … 大さじ1

作り方

鍋にAを入れて30分ほどひたし、中火にかけて煮立ったら弱火にして5分ほど煮て火をとめる。みそを加えて混ぜる。

三章

秋ののほほん御膳

いも、栗、かぼちゃ、柿にいちじく、そして新米と、
秋は、おいしい食材が店頭にならび始める大好きな季節。
キッチンから見える木々の葉が、日に日に色を変化させていく
その様子を眺めるのも楽しみで、
「のほほん御膳」の中にも、落ち葉に見立てた野菜を
ついつい散らしてしまいます。
お月見やハロウィンなど、楽しいイベントも多いので
クスッと笑えるような御膳も食卓に登場します。

にゃんこごはんと栗バーグ御膳

食いしん坊にはたまらない、秋の到来。
旬の食材は、シンプルに蒸すだけで
十分おいしくいただけます。
メインのハンバーグは大好きな栗に見立て、
卵焼きの焼き印も栗に。
のほほん流、栗づくしの御膳です。
我が家によく遊びにくる、にゃんこも添えて。

お品書き

1. 小さな栗バーグ（P112）
2. にゃんこごはん（P59）
3. カニカマとねぎの卵焼き・焼き印つき（P26）
4. 磯辺ちくわ（P106）
5. しいたけチーズ（P102）
6. ふかしさつまいも
7. スプラウト
8. かぼちゃボール（P90）
9. 紫いもボール（P92）
10. 蒸し栗（P104）
11. いちじく
12. 柿釜サラダ（P90）

お月見うさぎ御膳

大好きな季節、秋を食卓でも満喫したくて作った御膳です。もみじや葉の型で抜いた野菜を落ち葉に見立てて折敷に散らし、里いもコロッケを月に見立て、おむすびをうさぎにしました。

お品書き

1. 里いも肉巻きコロッケ（P101）
2. みそなす（P92）
3. ごまだれえのき（P106）
4. つみれとなめこのおみそ汁（P114）
5. 卵むすび（P79）
6. 落ち葉の煮つけ（P30）、落ち葉のグラッセ（P30）
7. かぶのハニーマスタード（P108）
8. ジンジャーピーマン（P98）
9. はんぺんのり巻き（P105）
10. カニカマとねぎの卵焼き焼き印つき（P26）
11. マヨポンにんじん（P90）
12. ふかしさつまいも
13. かきとぶどう

ハロウィンオバケちゃん御膳

お品書き

1. 見上げるオバケしゅうまい（P56）
2. ふろふきオバケ（P56）
3. マッシュかぼちゃのランタン（P57）
4. スパイダーお好み焼き（P57）
5. 彩り吹き寄せごはん（P58）

「オバケちゃん」のフォルムが大好きです。
おばけが大活躍するイベント、
ハロウィンもついはりきってしまいます。
今回は、おばけのクッキー型で大根を抜いた、
おばけのふろふき大根や
見上げてくるかわいいおばけの
しゅうまいを作りました。
愛嬌のある御膳なので、ハロウィンじゃなくても、
作りたいと思っています。

小さなせいろで作って、そのまま食卓へ。
上を少し見上げている、
のんきな表情が気に入っています。

調理時間**20**分！

見上げるオバケしゅうまい

（ひと口大5個分）

1 「えのきたっぷりつくねだね」（P112）100gを5等分にして俵形にする。手を水で濡らすと作業しやすい。

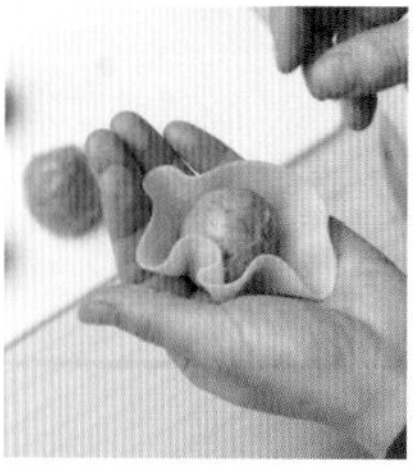

2 ぎょうざの皮の上に**1**をのせてかるくひだを寄せ、肉だねを下にして、クッキングシートを敷いたせいろ（直径15cmのもの）に並べる。

3 湯を沸騰させた鍋に**2**をセットして中火で10分蒸す。黒ごまを目に見立ててピンセットでつけて完成。

クッキー型を使って、
こうもりとオバケの
お茶目なふろふき大根を作りました。

調理時間**20**分！

ふろふきオバケ

（型抜き6個分）

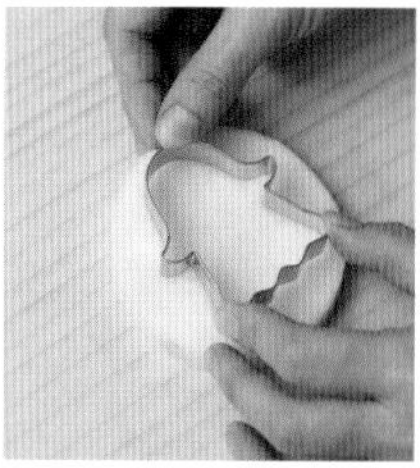

1 1.5cm厚さの大根6枚を縦5cmのおばけ型と、直径7cmほどのこうもり型で型抜きする（その他、好みの型でもOK）。

2 金属製のストローで**1**の大根の目の部分をくりぬく。

3 鍋に**2**と白だし（P124）大さじ1、水150mℓを入れて落としぶたをし、弱めの中火で約15分（竹串が通るまで）煮る。ふたをしたまま粗熱をとり味をなじませる。器に盛り、好みの即席甘みそ（P120）を添える。

いつものお好み焼きに
くもの巣を描いて
ちょっと怪しく仕上げました。

調理時間**15**分！

スパイダーお好み焼き

（直径約15㎝×2枚分）

1 長いも100g（約5cm分）をすりおろし、卵1個 、白だし（P124）大さじ1、米粉大さじ2、キャベツのせん切り50g（約1枚分）を混ぜ合わせる。

2 熱したフライパンになたね油小さじ1をひき、**1**をお玉1杯分流し入れ、直径15cm程度の円形に焼く。中火で両面1～2分ずつ焼く。

※焼いた後、1枚ずつラップに包んで10日間冷凍保存可。

3 **2**の表面にソースを塗り、中心からマヨネーズで円を描いていく。

4 中心から外に向かって8等分するように箸で筋を入れる。

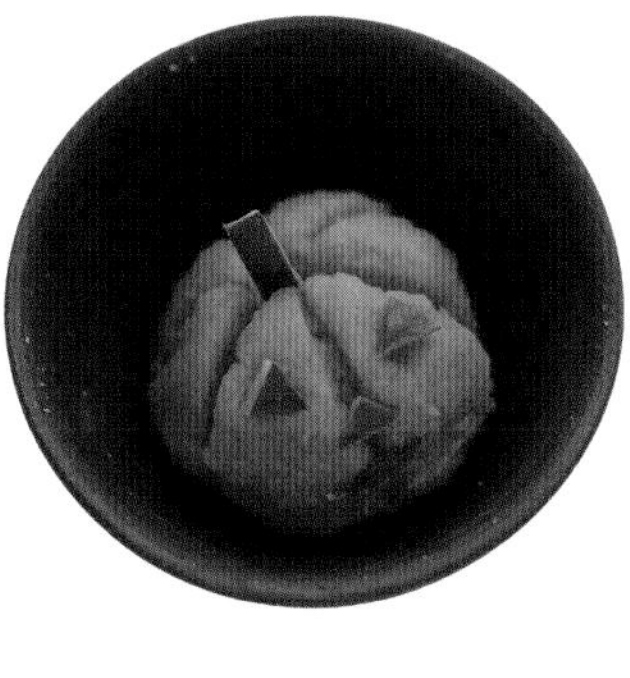

マッシュかぼちゃに、ちょこっと
細工をほどこすだけでおばけランタンに。
たちまちハロウィン感が出ます。

調理時間**30**分！

マッシュかぼちゃのランタン

（ひと口大1個分）

1 「かぼちゃボール」（P 90）から、好みの分量を手に取り丸めたら、フォークを使ってかぼちゃに筋をつける。

2 かぼちゃの皮を目、口、鼻、へたのパーツに見立てて包丁で切る。

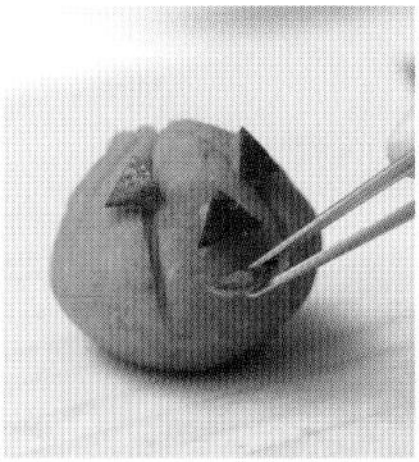

3 ピンセットで**2**を**1**にはりつけて完成。

彩り吹き寄せごはん

秋の味覚たっぷりの
彩り豊かな炊き込みごはんです。
お気に入りの型に詰めてから器に盛ると
御膳が楽しげになります。

材料（3〜4人分）

研いだ米 … 2カップ分
水 … 400㎖
白だし（P124）… 大さじ3
みりん … 大さじ3
ゆでぎんなん … 20g
A 紫いも、かぼちゃ、にんじん、
　さつまいも … 各20g

作り方

1 **A**を各1cmの角切りにする。

2 鍋、または炊飯器にすべての材料を入れていつも通りごはんを炊く。底からふんわりとかき混ぜて器に盛る。

保存 冷蔵で2日間

にゃんこごはん

材料（1人分）

温かいごはん … 100g
焼きのり … 1枚（約5cm四方）
しょうゆ … 適量
梅干し … 1個

秋の新米によく合う、
ほのかなおしょうゆの香りと
梅干しの組み合わせ。
楽しく食べたくてごはんを
にゃんこにしてみました。

1 シリコンの猫型にごはんを詰める。のりを目、口、ひげに見立てて切る。

2 器にごはんを盛り、ピンセットで**1**をごはんにのせていく。

3 はけやスプーンの裏などで、耳の部分にしょうゆを塗り、首元に梅干しを置いて完成。

ごましょうゆの栗むすび

1 栗形のおむすびを作る。

2 表面全体にはけやスプーンの裏でしょうゆを塗る。

3 白炒りごまを下1/3の部分につける。

すすきちゃんむすび

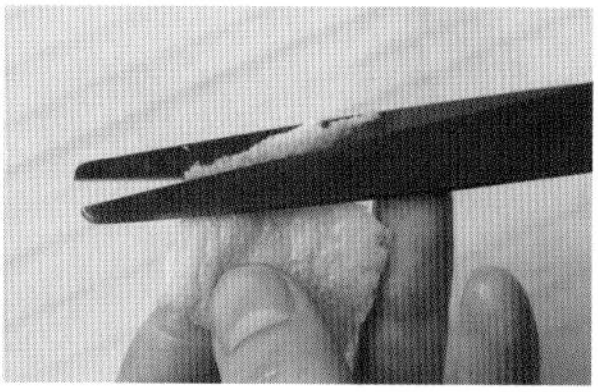

1 煮揚げの細切りを3本作る。

2 俵形のおむすびを作る。ピンセットで黒ごまを目の部分に、焼きのりを切って口の部分につける。カニカマの赤い部分の細切り5本、大葉を3本作る。

3 大葉と煮揚げをすすきに見立てておむすびにつける。赤いカニカマの細切りとチアシード2粒を赤とんぼに見立ててつける。

落ち葉狩りむすび

1 俵形のおむすびを作る。ピンセットで黒ごまを目の部分に、焼きのりを切って口の部分につける。

2 **1**のおむすびの上に落ち葉の煮つけやグラッセ（P30）をのせ、周りにも散らす。

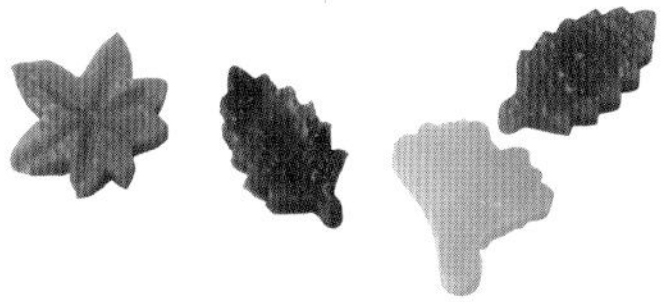

手まりむすび

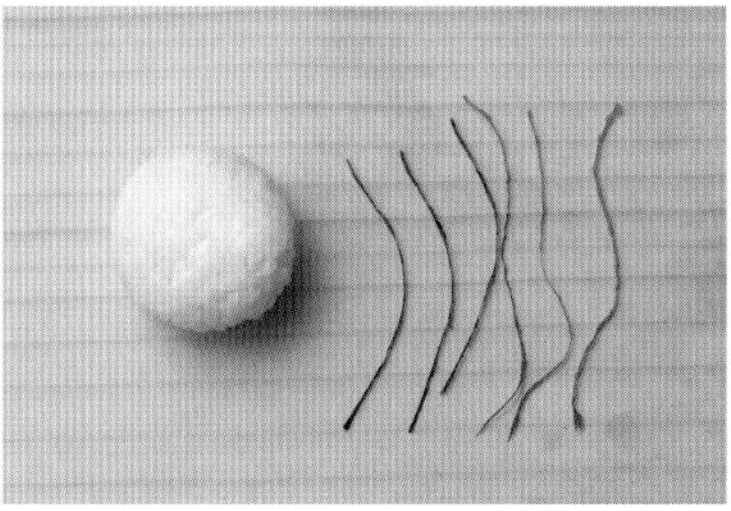

1 ひと口大のボール形のおむすびを作る。焼きのりを3本、大葉を3本細切りにする。長さはおむすびの表面がカバーできる程度に。

2 **1**の大葉と焼きのりをおむすびにクロスしながらはりつけていく。

御膳も温かみのあるものへと変わってくる秋。器もガラスからぽってりした陶器がメインに。

巾着煮びたし御膳

「えのきたっぷりつくねだね」(P112)をお揚げに詰めてだしで煮ておいた作り置きおかずの「巾着煮びたし」をメインにした御膳です。夏場は冷たいままで食べることも。この御膳のために、新たに作ったのは「手まりむすび」(P61)くらい。模様は大葉と焼きのり、カニカマ、紫キャベツの細切りでつけています。三日月形の器は、とてもかわいくて、丸い器と合わせやすく重宝しています。インスタグラムma__potteryさんの作品です。

ブリ大根御膳

昨晩の残りのブリ大根をメインにしました。新たに作ったのは栗の焼き印を押した卵焼きと、おむすびだけ。「梅肉と大葉サンドのアジフライ」は、パン粉をまぶした状態で冷凍しておいた作り置きなので食べる直前に揚げるだけ。長方形のざるは器として使い勝手がよく、1つ持っていると便利です。よく「蒸しパンも作り置きですか?」と聞かれますが、蒸しパンは大きなせいろで作って、冷凍保存しておきます。冷凍庫で1ヵ月保存できます。

寄せ集め&かぼちゃポタージュ御膳

冷蔵庫の中の作り置きや、取り分けておいたお惣菜を総ざらいした御膳です。「米粉のタイ焼き」は、ホットプレートマシンの「ビタントニオ」で作りました。タイのお腹には常備しているあんこが詰まっています。中心にぎゅっと盛りつけて、何があるのかなとのぞきこむようなイメージにしました。これぞまさしく寄せ集め御膳。

パプリカの肉詰め&ぬか漬け御膳

大皿、中皿、小皿、おちょこ、小鉢など、いろいろなサイズの器を組み合わせたコーディネートです。さらに大好きなひょうたんアイテムを取り入れて。ひょうたん皿に盛っているのは、ぬか漬けと甘酢漬け。にんじんは、もみじ形に抜いてから漬けています。左奥にあるのは、コロッケではなくて「豆腐と米粉ときな粉のちびまるドーナツ」。秋らしくふかしさつまいもと「蒸し栗」（P104）も添えています。

おでん御膳

大量に炊いたおでんの残りをメインにして。ひょうたん皿にあるのは、秋になると一瞬だけ店頭に並ぶほおずきトマト。こういった珍しい季節の食材を積極的に取り入れるようになったのも「のほほん御膳」を作るようになってから。果物ののったコンポート皿は昭和のヴィンテージもの。枡の中にはおちょこを入れ「さつまいもとごぼう」のきんぴらを盛りつけました。

サンマのこっくり煮御膳

こちらの御膳も、おむすびと果物以外はすべて作り置きを盛りつけただけ。葉っぱの形のお皿は、「ほうの葉」という本物の葉を加工した器です。街で偶然見つけた店で店主のおじいちゃんが手作業で作ったものを買い求めました。秋口にとても重宝しています。そして茶筅《せん》型の箸置きもたまたま京都で出会った宝物です。「りんごの格子切り」の方法はP30でご紹介しています。

しいたけの肉詰め御膳

しいたけに作り置きの「えのきたっぷりつくねだね」（P112）を詰めて焼いた「しいたけの肉詰め」をメインに。もうひとつの主菜「ブリの照り焼き」は、昨晩余分に作っておいたもの。吉野杉のプレートをパレットに見立てて、あえて整然と色を落としていく感じで盛りつけました。お気に入りの器を使い、様々な盛りつけスタイルを試してみるのが、とても楽しいのです。

なすのチーズグリル御膳

秋なすがおいしい季節なのでメインはなすにしました。魚焼きグリルでじっくり焼き上げた後にあつあつの野菜あんをかけて粉チーズをふった「なすチーズグリルの彩り野菜あんかけ」です。ふたつきのスープ皿は北欧のヴィンテージもの。和食器とも自然となじみます。高さのある豆皿には、果物や「油揚げと小松菜のソテー・キムチあえ」を盛りつけて。

器は形が個性的なものが好き！

「のほほん御膳」を作る以前は、とりあえず家族4人そろう、価格もデザインも無難な器を選んでいましたが、今は、個性の強いものを選ぶようにしています。私は、ひょうたん形や三日月形、花形など、どこか愛嬌やユーモアを感じるものが好き。

複数のおかずをちょこちょこ盛りつけることが多いので、小皿や豆皿も買うようになりました。手持ちの器と合うかなどとは考えず直感的にいいなと思ったものを1枚か2枚、少しずつ買い求めています。

器との出会いは一期一会、出かけた先でたまたまときめいたものをお迎えすることも多く、こうして集まってきた器で作る食卓は、当然、個性のかたまり！になります。

器を選び、組み合わせていくのが何より楽しく、愛しい時間です。

1 白の台皿は「たち吉」のもの。盛りつけは高低差をつけることが大切なので、この台皿はよく使います。

2 木製の楕円型のプレートは滋賀在住のデザイナー南政宏氏の作品で「吉野杉のランチョンボード」。何を盛りつけても食材の色合いが美しく映えて、とても使い勝手がよく気に入っています。

3 四角い木のプレートは、たまたま立ち寄った雑貨屋さんで買い求めました。木製の器やカトラリーがとても好きなんです。

4 木製のひょうたんプレートは岩本清商店さん。大中小とあり、各サイズごとに、お惣菜を盛りつけるだけでなく、急須や湯呑みをのせたりして重宝しています。なぜか、ひょうたん形が好きで、世のひょうたん好きの方と出会いたくてインスタグラムでは「#瓢箪のある暮らし」というハッシュタグまで作ってしまったほど。たまに検索して、お仲間を見つけては嬉しくなっています。

5 紫の小皿。数ある小皿のうちの1枚。濃い紫色が、案外、料理を美しく見せてくれるのです。そのほかよく使う小皿や豆皿たちはP127でも紹介しています。

四章

冬ののほほん御膳

グッと肌寒くなり、温かいメニューが恋しくなる冬。
もちろん「のほほん御膳」にも
温かいスープやシチュー、お鍋、蒸し物などが登場します。
そして、クリスマスやお正月など、大きなイベント仕様の
「のほほん御膳」もご紹介。
とはいえイベントでも、頑張りすぎず、いつものおかずを
ちょっとアレンジする程度なのが、のほほん流です。

冬の湯豆腐御膳

寒くなってきたら毎日でも食べたい鍋料理。
「のほほん御膳」ではひとり鍋もおすすめ。
作り置きの肉だねで作った串焼きも
違う種類のみそディップをのせるだけで
味が変えられて飽きません。

お品書き

1. 湯豆腐(P111)
2. つくね串焼き(P112)、即席甘みそ5種(P120)
3. スパイシーれんこんチップ(P94)
4. 卯の花サラダ(P108)
5. 紫いもボール(P92)
6. 黒豆のあっさり煮(P105)
7. カニカマとねぎの卵焼き・焼き印つき(P26)
8. はんぺんのり巻き(P105)
9. 手まりむすび(P61)
10. 日本酒(熱燗)

のほほんクリスマス御膳

一見、華やかそうに見えますが、
特別なご馳走は作っていません。
普段から作っているものばかりです。
クリスマスをイメージして
プレゼントやツリー、雪だるま、
キャンドルなどにアレンジして
御膳の中にちりばめました。
誕生日やお祝いのときにも応用できる
アイデアを詰めてみました。

お品書き

1. プレゼントオムライス（P71）
2. りんごとビーツのポタージュスープ（P82）
3. 麹とマーマレードのローストポーク（P100）
4. おかか和風チーズバター（P106）
5. 抹茶ツリーポテサラ（P70）
6. 雪だるまポテサラ（P70）
7. くるくるきゅうり（P29）
8. くるくるにんじんのマリネ（P28）
9. 紫いもボール（P92）
10. かぼちゃボール（P90）
11. スパイシーれんこんチップ（P94）
12. チーズ煎餅（P96）
13. 紅白なます（P109）
14. ジンジャーピーマン（P98）
15. パプリカ白だしナムル（P94）
16. りんごの格子切り（P30）
17. キャンドルケーキ（P117）

抹茶ツリーポテサラ

マッシュポテトに抹茶をミックス。五色あられとおいりで飾ってクリスマスツリーにしました！

雪だるまポテサラ

まあるいマッシュポテトでのほほん顔な雪だるまのでき上がりです！

基本のポテサラ（2人分）

耐熱ボウルにじゃがいも500g（約大3個分）を1cmのさいの目切りにし（水にさらさない）、酢大さじ1、てんさい糖大さじ1、マヨネーズ大さじ3、塩ひとつまみを入れてラップをかけ、電子レンジでじゃがいもに8〜10分、竹串が通るまで加熱する。底にたまった水分をペーパータオルでふきとりマッシュする。

1 基本のポテサラから好みの分量をとり、抹茶パウダーを適量加えて混ぜる。

2 **1**をラップに包み円錐形に成形する。オーナメント用に五色あられとおいりを用意する。

3 ピンセットで五色あられを**2**に軽く押し込んでいく。

4 おいりを**3**のてっぺんにのせる。

1 基本のポテサラから好みの分量を取る。ラップに包み、2個の丸形を作って重ねる。

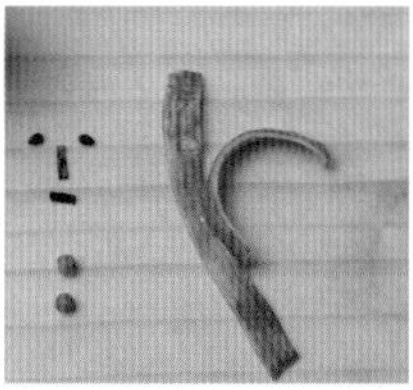

2 黒ごま、焼きのりの細切り、五色あられ、カニカマの赤い部分の細切りを用意する。

3 ピンセットで**2**の各パーツを**1**にはりつけていく。黒ごまは目、焼きのりは鼻と口の部分に。カニカマは接合部に巻きつけてマフラーに、あられはコートのボタンに見立ててつける。

プレゼントオムライス

四角形のオムライスにケチャップでリボンを描くだけ。
とても簡単ですが、サプライズ感の強いオムライス。
クリスマス以外のイベントにも活躍するメニューです。

材料（1人分。小さめ）

ウインナー … 1本
A 温かいごはん … 100g
　ケチャップ … 大さじ1
　黒こしょう … 適量
　塩 … 少々
B 卵 … 1個
　マヨネーズ … 小さじ1/2
なたね油 … 小さじ1/3
ケチャップ … 適量

作り方

1 耐熱ボウルにひたひたの水とウインナーを入れて電子レンジで50秒加熱し（ラップはしない）、5mmの輪切りにする。

2 別のボウルに**1**と**A**を入れて混ぜ合わせ、ラップに包んで正方形にする。

3 熱したフライパンに油をひき、混ぜ合わせた**B**を流し入れて薄焼き卵を作ったら粗熱をとる。

4 ラップの上に**3**を置き、その上にラップをはがした**2**をのせて包む（**a**、**b**）。

5 **4**のラップをはがして器にのせ表面にケチャップで十字を描き（**c**）、リボンも描く（**d**）。

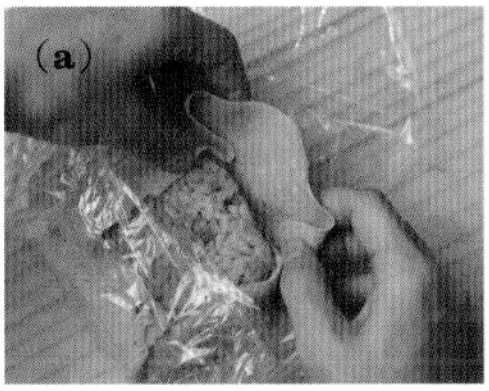
（a）

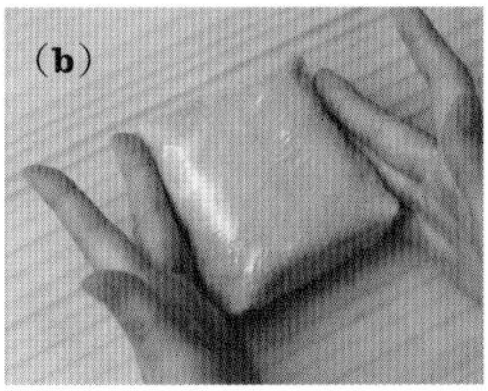
（b）

（c）

（d）

冬には、スープやシチュー、蒸し物、煮物など温かいものがメインになった御膳が増えてきます。

サケの白みそ焼き御膳

小皿を囲むようにして豆皿を配置。小皿と豆皿が大好きなのでよく使うスタイリングです。実は、この豆皿、箸置きなんです。盛りつけた11品の小さなお惣菜もデザートの「山ぶどう茶の蒸しパン」もすべて作り置き。主菜の「サケの白みそ焼きねぎレモン添え」もあらかじめ焼いて冷蔵庫に入れておいたもの。大きな1プレートにメインの魚だけだと、寂しいのでつけ合わせに2～3品添えてバランスをとりました。

骨つき鶏とかぼちゃポタージュ御膳

クリスマスが近かったので、寄せ集めながら、チキンの骨にアルミ箔とリボンを巻いて、せいいっぱいクリスマス感が出るように作りました。奥の苔玉も、心の中ではクリスマスツリーをイメージ。デザートは、純喫茶でプリン・ア・ラ・モードがのせられてくるような昭和感あふれる器にのせて。昔懐かしいものが大好きです。

高野豆腐の肉詰め御膳

同じ器を並べて、片方には副菜を寄せて盛り合わせ、もう片方にはメインをどんとシンプルに盛ってメリハリをつけています。白い台皿に並べている小さなカゴの器はネットで100円ほどで購入しました。使い勝手がよくて重宝しています。汁けがあるものは小さく切ったペーパーを敷いて。花瓶にしている鉄瓶の急須は、ネットオークションで購入した古い手のひらサイズのもの。

しゅうまい御膳

小さなせいろをそのまま御膳にのせるのは、見た目もかわいく、温かみが出て大好きなスタイルです。「きくらげときゅうりのピリ辛酢」と「えのきしょうゆレモンバジルマリネ」が入っているのは竹製のぐい呑み。お気に入りの三日月形の器は、向きを変えて楽しめる1枚。使用頻度高めです。

くるみバーグ御膳

竹すだれのお弁当箱を木箱にセットし、抗菌シートを敷いてお惣菜を盛りつけました。この木箱はそうめんが入っていたものを再利用しています。手前にはおちょこに惣菜を入れて並べています。甘酒を入れているのもおちょこ。おちょこ盛りつけが大好きです。お手拭きは、ちょうど顔が見えるようにたたんでいるのも小さなこだわりです。

ビーフシチュー御膳

耐熱ボウルに食材を入れて、電子レンジのみで作ったルウいらずのビーフシチューと、たっぷりのサラダをメインにした、ちょっと珍しいタイプの「のほほん御膳」です。吉野杉のプレート、枡、カゴ、おちょこ、ひょうたん豆皿など、自分の好きなアイテムを詰め込んだスタイリング。カゴの中の高台にのせているのは、水と寒天で作った、黒蜜でいただく「くらげ餅」です。

ワカサギの南蛮漬け御膳

この黒い丸盆は、サイズ感がちょうどよくてお盆の役目だけだともったいない気がしたので抗菌シートを敷いて、お惣菜をいくつか盛りつけてみました。盛りだくさんな内容に見えますが、この御膳のために作ったのは玄米おむすびと「じゃがいものおやき」くらい。「さつまいもとごぼうのポタージュ」は冬のスープの定番です。

コラーゲンスープ御膳

鶏手羽をたっぷり入れた「レモンコラーゲンスープ」が主役の御膳です。今日は、冷蔵庫の中の作り置きがあまり残っていなかったので、いつになくごはん多め。ごはんをお茶碗に盛るのではなく、こうして型抜きすると御膳が見栄えします。「これくらいの品数ならできる」と評判がよかった御膳でもありました。

のほほんおせち

おせちは、一年中使える
優秀常備菜の宝箱

子育てがひと段落したころから「おせちでも作ってみようかな」という気分になり、おせち作りを始めてみました。

いざ作ると、本当に驚きました。1つ1つが思っていたより簡単だったのです。漠然と、もっと手間がかかるものかと思っていました。

それに黒豆や伊達巻き、エビの旨煮、ごぼうのたたき、花れんこんにかまぼこの飾り切りなど、どれも栄養価が高いだけでなく日持ちもします。「これって、普段の食卓に活用できるものばっかりだな」と感心しました。

そんなことから、我が家の食卓には一年中、お重に詰められるようなおかずが登場することになりました。

今では、おせちは「家族から評判のいい、いつも作っている常備菜を詰めて、お正月を楽する料理」という位置づけ。せっかく頑張って作ったおせちなのに、家族のお箸がイマイチのびないなんてこともありません。

この、「のほほんおせち」をきっかけに、おせちのおかずを毎日の食卓に！という、私の密かな思いが伝わったら嬉しいです。

お品書き

1. エビの旨煮（P90）
2. 黒豆のあっさり煮（P105）
3. 小さな伊達巻き（P27）
4. おかか和風チーズバター（P106）
5. かぼちゃボール（P90）
6. 紫いもボール（P92）
7. 紫キャベツのレーズンマリネ（P92）
8. 栗の甘露煮
9. はんぺんのり巻き（P105）
10. リボンかまぼこ（P88）
11. くるくるきゅうり（P29）
12. くるくるにんじんのマリネ（P28）
13. 紅白なます（P109）
14. ラディッシュの飾り切り（P28）
15. 磯辺ちくわ（P106）
16. 花れんこん（P111）
17. たたきごぼう（P102）
18. ゆかり大根（P88）
19. 黒ごまトマト（P86）
20. パプリカ白だしナムル（P94）
21. 揚げ餅の麺つゆおろし（P110）
22. しょうが甘酒（P122）
23. お屠蘇

おとぼけ 干支むすび

お正月の御膳にユーモアを添えたくて、くすりと笑える、おとぼけ顔の干支むすびを作りました。初笑いをどうぞ。

子むすび

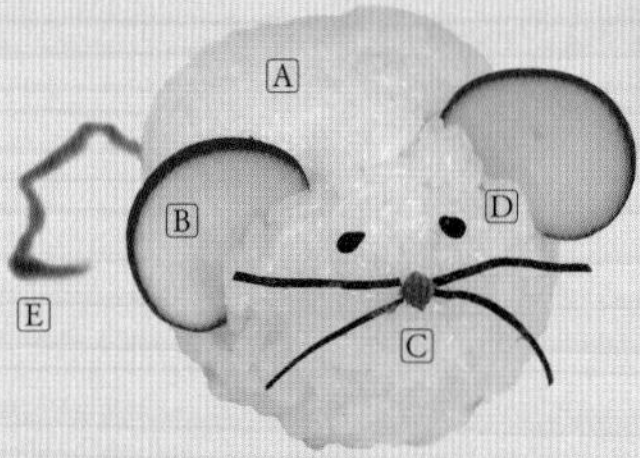

A 俵形のおむすびを作る。

B ラディッシュを薄い輪切りにして、包丁でごはんに切り目を入れて差し込む。

C 鼻にはあられ、ひげには焼きのりの細切り（塩昆布でもよい）をはりつける。

D 目は黒ごま。

E 塩昆布は、しっぽに見立てる。

丑むすび

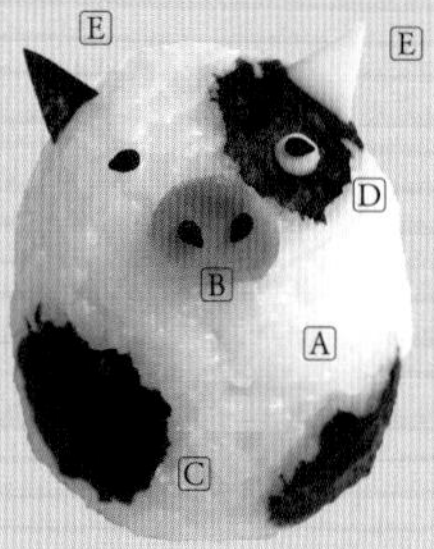

A 俵形のおむすびを作る。

B 楕円形に切ったハムと黒ごまをつける。

C 焼きのりを手でちぎり、ところどころはりつける。

D 目はチーズをストローで抜いてつけ、その上に黒ごまをのせる。

E 焼きのりとスライスチーズを１枚ずつ小さな三角形に切ってのせる。倒れそうなら少量のマヨネーズを塗ってからつける。

寅むすび

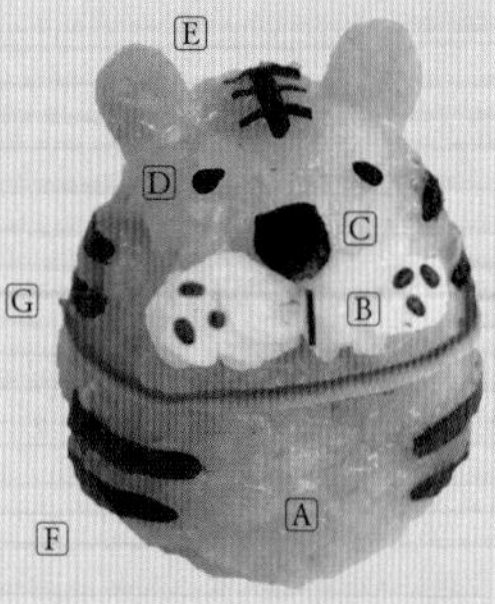

A ごはんにかぼちゃパウダーを適量混ぜて俵形のおむすびを作る。

B 白いごはんを少量ずつはりつけてチアシードを3粒ずつつける。

C 鼻は焼きのりを楕円形に切って片端を少し切り、曲線部分を下にしてつける。鼻筋は焼きのりの細切り。

D 目は黒ごま。

E ハムを楕円形に切って片端を少し切り、直線部分をおむすびにのせる。倒れそうなら少量のマヨネーズを塗ってからつける。

F 寅の模様は焼きのりを細切りにしてつける。角を丸く切っても。

G カニカマの赤い部分を細く裂いておむすびの中心に巻く。

卯むすび

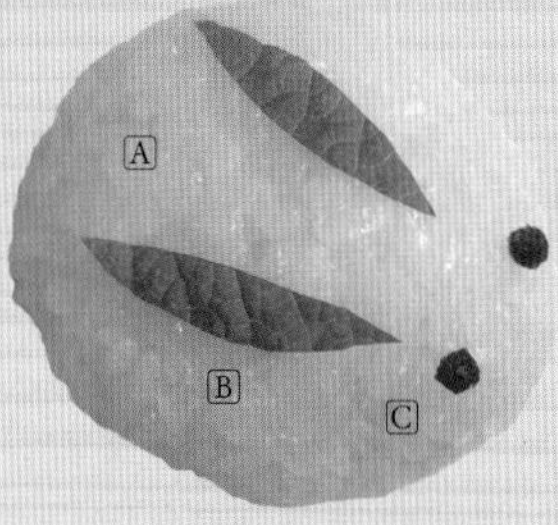

A 俵形のおむすびを作る。

B 大葉を笹の葉形に切り、耳に見立ててつける。

C 目は赤いあられ。

辰むすび

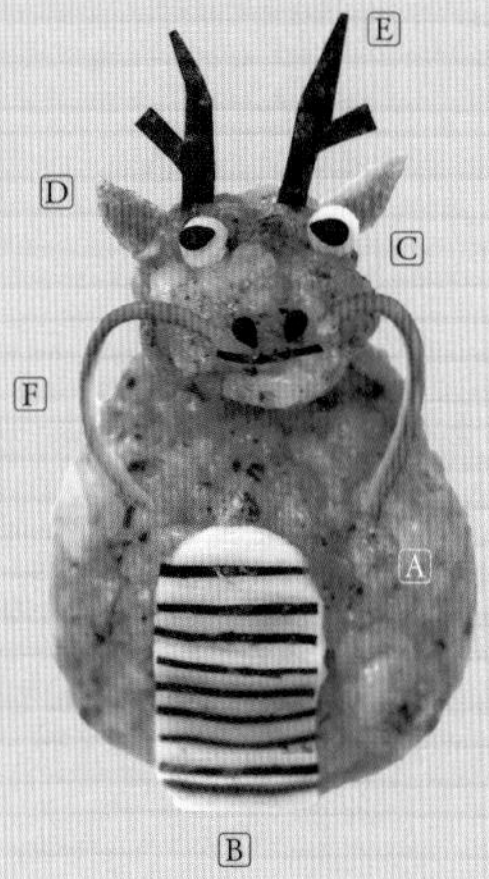

A ごはんに抹茶を適量混ぜて大小のおむすびを作って重ねる。

B カニカマの白い部分を親指形に切ってはり、細切りにした焼きのりをつける。

C 目はカニカマの白い部分をストローで抜いてつけ、その上に黒ごまをのせる。

D 煮揚げを三角形に切ってのせる。倒れそうなら少量のマヨネーズを塗ってからつける。

E 焼きのりをツノの形に切り、頭につける。

F カニカマの赤い部分を裂いてつける。

巳むすび

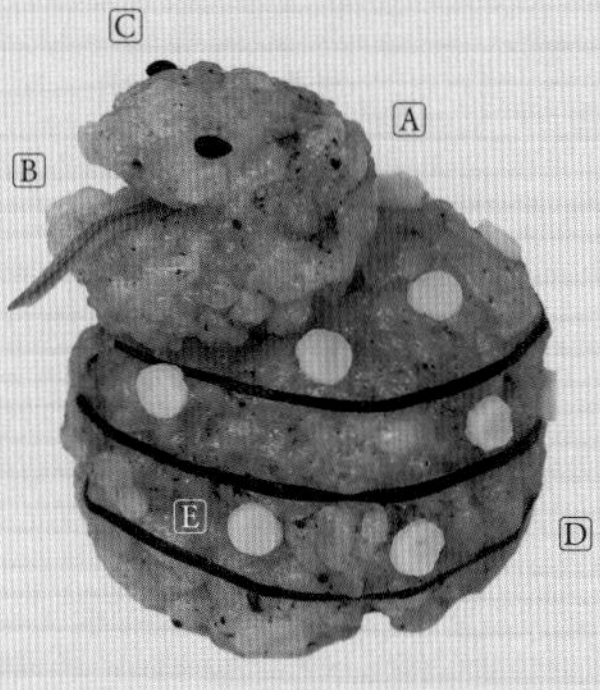

A ごはんに抹茶を適量混ぜて大小のおむすびを作って重ねる。

B 口の部分に包丁で切り込みを入れてカニカマの赤い部分を裂いて挟み込む。舌先をV字形に切る。

C 目は黒ごま。

D ごく細く切った焼きのりを体全体に巻きつける。

E ストローで抜いたスライスチーズを体全体につける。

memo

- ごはんが乾燥すると具材がつきにくくなるので、ラップをふんわりかけながら作るといいでしょう。
- 焼きのりが縮んでしまうので、ごはんは熱すぎないようにしてください。

午むすび

A 鼻のまわりの部分がぽこっと前に出るように俵形のおむすびを作り、鼻の中心部分を残して、はけでしょうゆを塗る。

B 白ごまをつける。

C 目は黒ごま。

D 煮揚げを葉形に切ってのせる。倒れそうなら少量のごはんで裏から支える。

E 頭に塩昆布を適量のせる。

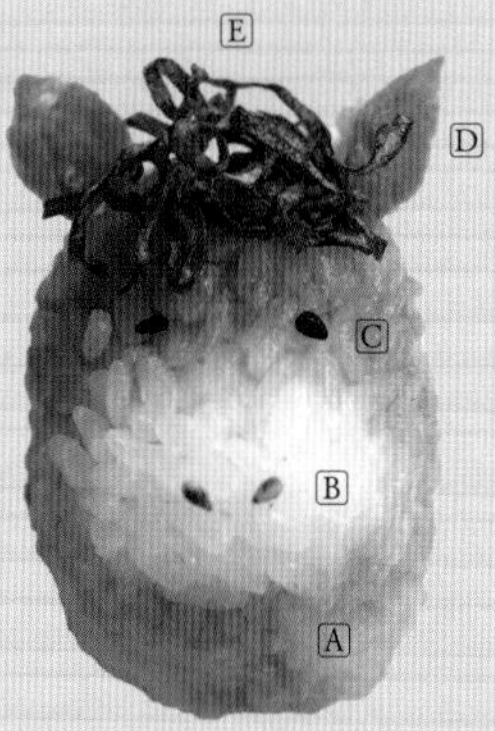

未むすび

A 俵形のおむすびを作る。

B 焼きのりをいちご形に切る。

C 焼きのりを涙形に2枚切ってつける。

D 目はカニカマの白い部分をストローで抜いてつけ、その上に黒ごまをのせる。口はカニカマの赤い部分を細切りにしてつける。

E 白いごはんを頭に少量盛る。

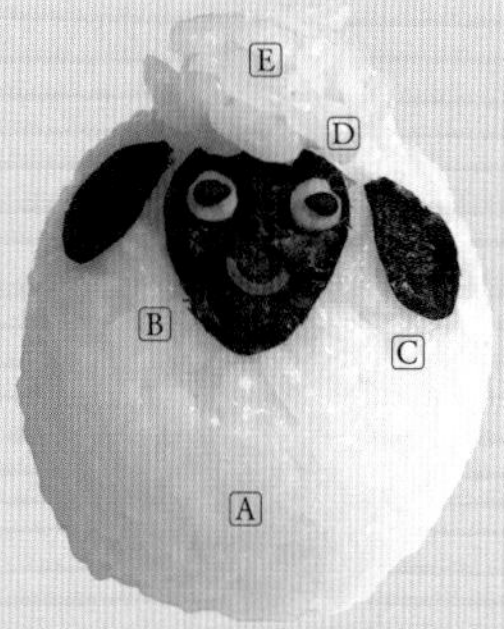

申むすび

A 俵形のおむすびを作り、顔の部分をハート形に残して、はけでしょうゆを塗る。

B 鼻と鼻筋はチアシードと細切りにした焼きのりをつける。

C カニカマの赤い部分をストローで2枚抜いたものを頬に、細切りにしたものを口につける。

D 目は黒ごま。ひたいのしわは、細切りにした焼きのり。

E 煮揚げを丸く切り、片端を少し切って直線部分をおむすびにつける。倒れそうなら少量のごはんで裏から支える。

F 細長く切った煮揚げをしっぽに見立てる。

酉むすび

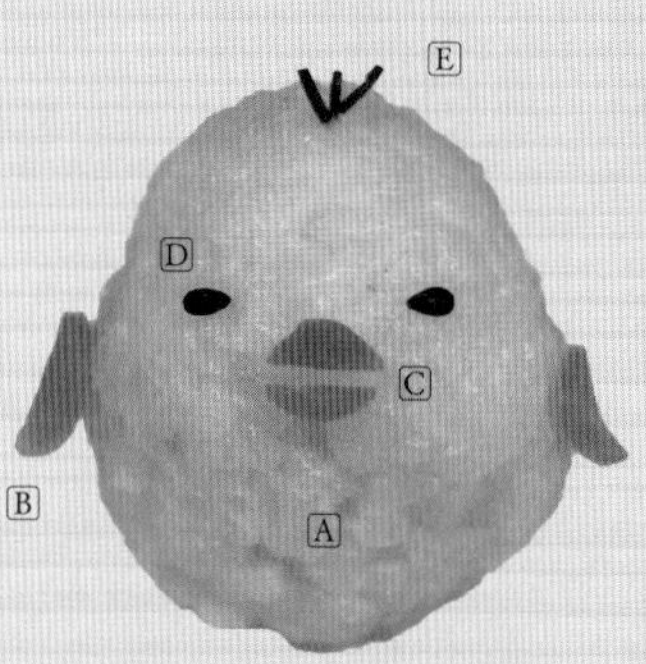

- **A** ごはんにかぼちゃパウダーを適量混ぜて俵形のおむすびを作る。
- **B** 羽はにんじんを二等辺三角形に切ってマヨネーズを塗ってつける。
- **C** くちばしは、にんじんを円形に切って、さらに半分に切ってマヨネーズでつける。
- **D** 目は黒ごま。
- **E** 焼きのりの細切り3本を頭につける。

戌むすび

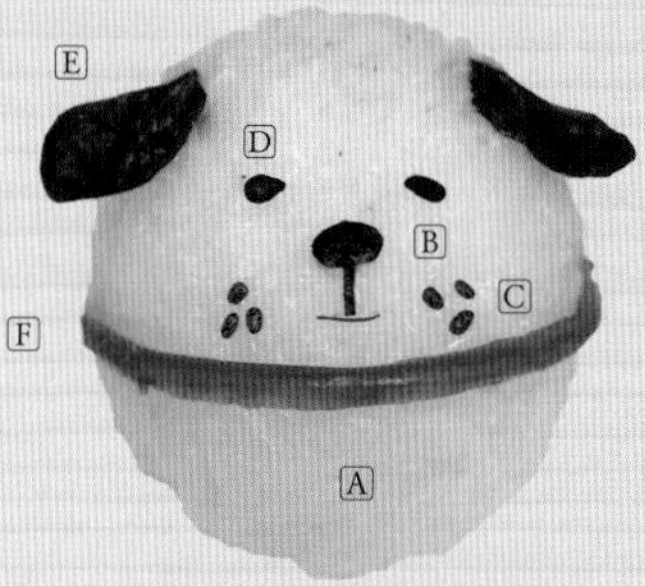

- **A** 俵形のおむすびを作る。
- **B** 焼きのりを小さな楕円形に切ったものと、細切りにしたものを鼻と鼻筋と口に見立ててつける。
- **C** チアシードを頬に3粒ずつつける。
- **D** 目は黒ごま。
- **E** 焼きのりを楕円形に切り抜き片端を少し切る。直線部分をおむすびにつけて耳にする。
- **F** カニカマの赤い部分を裂いておむすびの中心に巻く。

亥むすび

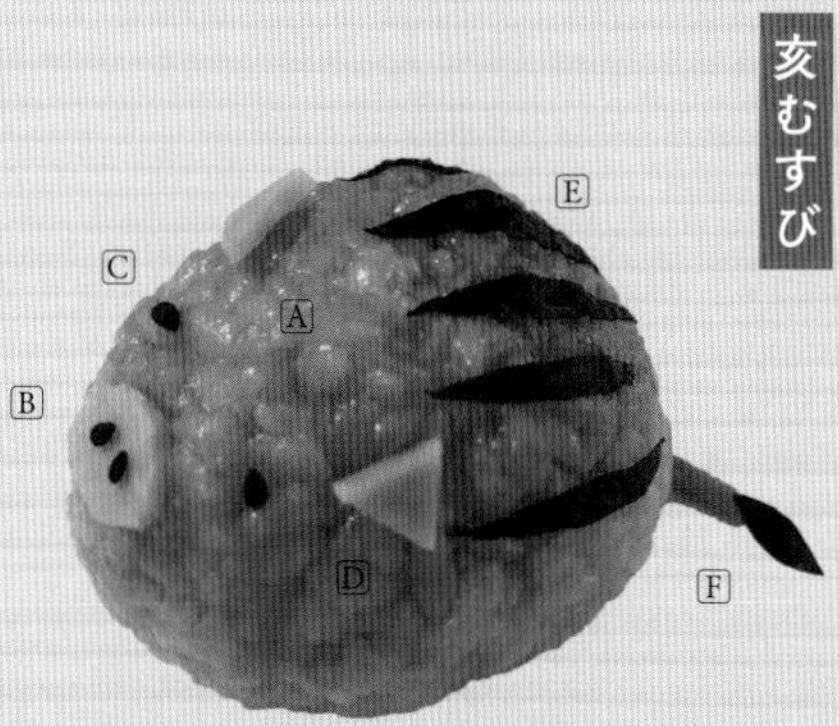

- **A** ごはんにしょうゆを適量混ぜて俵形のおむすびを作る。
- **B** 鼻は楕円形に切ったハムと、黒ごまをつける。
- **C** 目は黒ごま。
- **D** 耳はハムを三角形に切ってつける。
- **E** 模様は焼きのりを笹の葉形に切ってつける。
- **F** 細長く切ったハムの先にひし形に切った焼きのりをつけて、しっぽに見立てる。

即席レンチンスープ8種！

カップや器に入れたら、あとは電子レンジにおまかせでできる即席スープです。寒い季節、食卓にスープがあると心も体もほっとします。でも、お鍋でいちから作るのは面倒。そんなときにはぜひこの8種を。

お餅とごぼう天のスープ

材料（1人分）

A 餅 … 1個（角切り）
ごぼう天 … 1本（輪切り）
水 … 150mℓ
麺つゆ（P125）… 小さじ2

B カツオ節、揚げ玉、青ねぎの小口切り、刻みのり、黒こしょう、すだちの輪切り … 各適量

作り方

器に**A**を入れて電子レンジで3分加熱し（ラップはしない）、**B**をトッピングする。

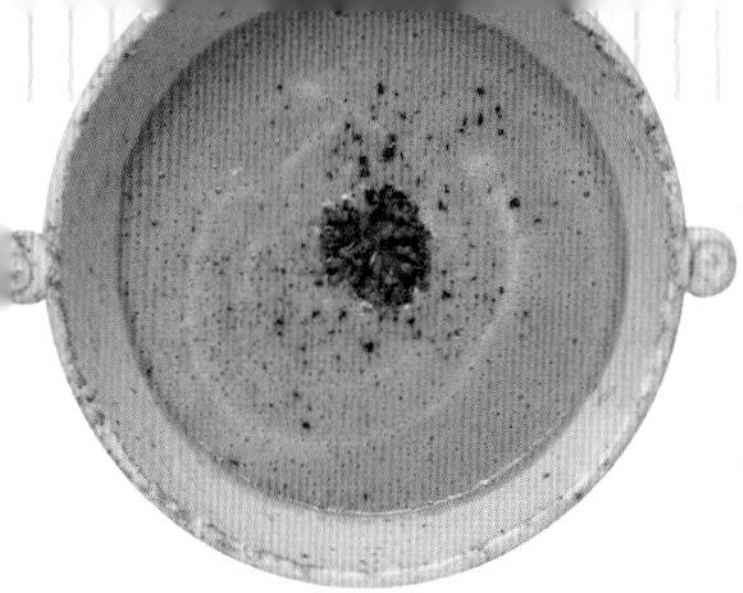

りんごとビーツのポタージュスープ

材料（2人分） 保存 冷蔵で2日間

A りんご … 100g（約1/2個分。皮をむいて薄切り）
玉ねぎ … 50g（約1/4個分。薄切り）
ビーツ（水煮）… 30g（約1個分。薄切り）

B 塩麹（P125）… 大さじ1
無調整豆乳 … 200mℓ

C 豆乳または生クリーム、黒こしょう、パセリ … 各適量

作り方

耐熱ボウルに**A**を入れてラップをかけ、電子レンジで5分加熱する。**B**とともにミキサーに入れて滑らかになるまで撹拌する。器に盛り**C**をトッピングする。

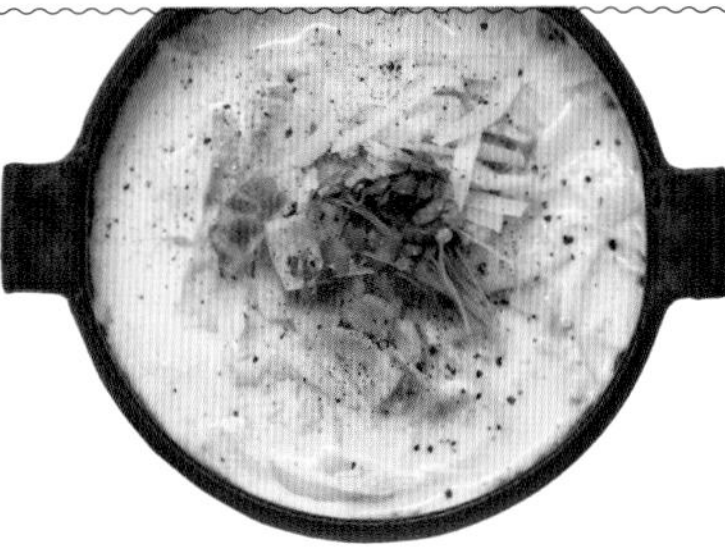

ベーコンとマカロニのクリームスープ

材料（1人分）

A ベーコン … 20g（約1枚分。ざっくり刻む）
玉ねぎ … 30g（約1/8個分。薄切り）
マカロニ（早ゆで用）… 20g
無調整豆乳 … 150mℓ
鶏ガラスープの素 … 小さじ1/2
しょうゆ … 小さじ1/2

B シュレッドチーズ、黒こしょう、ブロッコリースプラウト … 各適量

作り方

器に**A**を入れて電子レンジで3分加熱し（ラップはしない）、**B**をトッピングする。

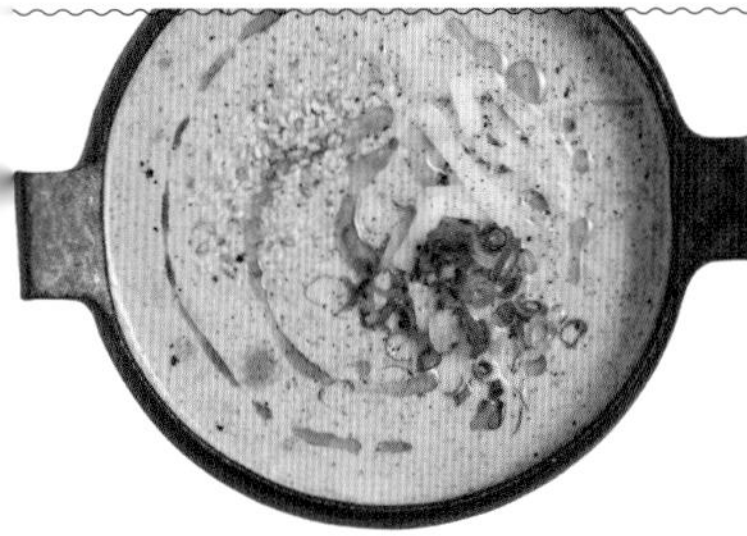

春雨のカレークリームスープ

材料（1人分）

A 春雨 … 10g
無調整豆乳 … 100mℓ
水 … 100mℓ
鶏ガラスープの素 … 小さじ1
しょうゆ … 小さじ1
カレー粉 … 小さじ1/2

B シュレッドチーズ、青ねぎの小口切り、白炒りごま、黒こしょう、ごま油 … 各適量

作り方

器に**A**を入れて電子レンジで3分加熱し（ラップはしない）、**B**をトッピングする。

トマトとひよこ豆のガーリックみそスープ

材料（1人分）

A ひよこ豆（水煮）… 15g（大さじ1）
トマト … 40g（約1/4個分。角切り）
おろしにんにく … 小さじ1/4
水 … 150mℓ
白だし（P124）… 小さじ1/2
油揚げ … 1/4枚（短冊切り）
みそ … 大さじ1/2
B 大葉のせん切り、白炒りごま … 各適量

作り方

器に**A**を入れて電子レンジで2〜3分加熱し（ラップはしない）、みそを加え混ぜ、**B**をトッピングする。

台湾風豆乳スープ

材料（1人分）

A 絹ごし豆腐 … 100g（角切り）
無調整豆乳 … 150mℓ
鶏ガラスープの素 … 小さじ1
しょうゆ … 小さじ1
酢 … 小さじ1
B くるみ、桜エビ、白炒りごま、
青ねぎの小口切り、黒こしょう、
ごま油、ラー油 … 各適量

作り方

器に**A**を入れて電子レンジで3分加熱し（ラップはしない）、酢を加え混ぜ、**B**をトッピングする。※酢を加えるとおぼろ豆腐のようにとろとろのスープになります。

おかか梅の和風だしスープ

材料（1人分）

A 水 … 150mℓ
白だし（P124）… 小さじ1
梅干し … 1個
B カツオ節 … ひとつかみ
粉山椒、七味唐辛子、白炒りごま、
青ねぎの小口切り … 各適量

作り方

器に**A**を入れて電子レンジで3分加熱し（ラップはしない）、**B**をトッピングする。

チンゲン菜とニラの卵とじ酸辣湯《サンラータン》スープ

材料（1人分）

A チンゲン菜 … 1枚（ざっくり刻む）
ニラ … 10g（1〜2本分。ざっくり刻む）
水 … 150mℓ
鶏ガラスープの素 、しょうゆ、酢 … 各小さじ1
うずらの溶き卵 … 1個分
B クコの実、チアシード … 各適量

作り方

器に**A**を入れて電子レンジで3分加熱し（ラップはしない）、うずらの溶き卵を加えてクルクルかき混ぜ、**B**をトッピングする。

のほほん流盛りつけは、器をセットするところから

「のほほん御膳」は、まず器を選んですべて置いてみるところから始めます。冷蔵庫の中にあるものをなんとなく頭に思い浮かべながら器をセッティング。おかずが足りなければ、電子レンジで調理が完結するもの、例えばスープやあえものなりをささっと作り足します。そんなときに、本書でよく登場する白だしや麺つゆがあればとても便利です。濃縮なので味も簡単に決まりやすいんですよ。そうして調理には時間をかけず、器選びと盛りつけを楽しむのがのほほん流。

御膳の中のバランスが決まるまで器をパズルのように置きかえてみたり。それが一番、楽しいんです。

週に1～2回、季節を感じながら、心ゆくまで器や盛りつけ、食とじっくり向き合う時間こそが、今の私にとても大切で贅沢なことです。

◎アユの塩焼き御膳

暑くなってきたのでガラスの器を多めにして、ランチョンマットはイグサのものを選びます。白皿の上に鮮やかな緑の小鉢をのせて。皿ON皿のスタイリングは好きな手法です。茶色いおむすびの下には大葉を。揚げ物の下にはもやしを敷いて色みにメリハリをつけます。高さのある台皿を使うことで全体を立体的にしています。

◎アジのレモンムニエル御膳

「アユの塩焼き御膳」と同じ白の台皿と木製トレーをベースにしたスタイリング。フォルムが丸くてかわいらしいそら豆の小皿をメインに。形がやわらかなだけでなく、食材の色がよく映える翡翠色なのも気に入っている点。ごはんは茶碗に盛りつけるよりも、こうして木箱によそうだけで非日常感が生まれます。ここでもやはり、高さのある台皿が大活躍。

五章

のほほんおかず色別レシピ集

「のほほん御膳」を作る上で
気を使っているのが彩りです。
そこで、この章では、メニューを
組み立てやすいように
お惣菜を色別に分けて紹介しています。
また、各レシピごとに「調理時間」と
「作りおきできる保存期間」も
書いているので参考にしてください。

レシピを倍量にして作る場合は、調味料を
1.5～2倍で調整してください。
食材から水分が多く出るものは2倍に、
あまり水分の出ないものは1.5倍程度を目
安にするといいでしょう。
いずれも味見しながら、少しずつ調整して
みてください。

赤いおかず

ぴりぴりトマトのだしびたし

保存　冷蔵で2日間

・のほほん七夕御膳（P36）

スプラウトと玉ねぎのキムチあえ

保存　冷蔵で3日間

・春のうららか肉巻き御膳（P14）

トマトの活け造り

・のほほんおつまみ御膳（P35）

黒ごまトマト

保存　冷蔵で2日間

・夏ののっけ寿司御膳（P34）

・のほほんおせち（P76）

調理時間**3**分！

スプラウトと玉ねぎのキムチあえ

冷蔵庫にちょこっと残ったキムチと玉ねぎをささっとあえて。スプラウトでさっぱりと。

材料（作りやすい分量）

A 玉ねぎ … 50g（約1/4個分）
キムチ … 50g（ざく切り）
ブロッコリースプラウト … 1パック
麺つゆ（P125）… 大さじ1/2

ごま油 … 小さじ1
カツオ節 … ひとつかみ

作り方

1 玉ねぎは繊維を断つように薄切りにする（玉ねぎが辛い場合は切ったあと、しばらく空気にさらしておく）。ブロッコリースプラウトは根元を切る。

2 **A**を混ぜ合わせたら、ごま油を加えて混ぜ、カツオ節をあえる。

調理時間**2**分！

黒ごまトマト

ミニトマトの酸みと甘みにすりごまのコクがよく合う。

材料（作りやすい分量）

ミニトマト … 10個

A 黒すりごま … 大さじ1
麺つゆ（P125）… 大さじ1/2

作り方

1 ミニトマトを半分に切り、**A**と混ぜ合わせる。

調理時間**1**分！（つける時間はのぞく）

ぴりぴりトマトのだしびたし

ゆずこしょうで辛みをピリッときかせた丸ごとトマトの和惣菜。

材料（1人分）

トマト … 1個

A 水 … 大さじ1
白だし（P124）… 大さじ1
ゆずこしょう … 適量

作り方

1 トマトのヘタと反対側にかるく十字の切り目を入れ、熱湯に10秒ほどつけて皮をむく。

2 保存容器にトマトを入れ、混ぜ合わせた**A**を注ぐ。ひと晩つける。

調理時間**1**分！

トマトの活け造り

トマトを新鮮なまま、活け造りのごとくいただきます。

材料（1人分）

ミディトマト … 1個

A カツオ節 … 適量
ポン酢 … 適量

作り方

1 トマトを7mm厚さ程度の輪切りにし、器に並べたら**A**をトッピングする。

ピンクのおかず

はちみつ梅酢のところてん

保存 冷蔵で3日間

・春のお花見御膳（P12）

リボンかまぼこ

保存 冷蔵で2日間

・のほほんおせち（P76）

ゆかり大根

保存 冷蔵で3日間

・春のうららか肉巻き御膳（P14）

・のほほんおせち（P76）

調理時間**3**分！

リボンかまぼこ

簡単な細工を覚えるだけでかわいい箸休めとして活躍します。

材料（2切れ分）

紅白かまぼこ
　… 約7mm幅に切ったもの2切れ
焼きのり … 約5mm幅×5cm長さのもの2枚

作り方

1　かまぼこのピンクの部分の中心を残して両端から切り離す。

2　ピンクの端の部分を中心に内側に折り込み、のりで巻く。

調理時間**1**分！

はちみつ梅酢のところてん

香り豊かな梅酢と、ほんのり甘いはちみつでちゅるんといただく。

材料（1～2人分）

A ところてん … 100g
　（水けをしっかりきる）
　梅酢 … 大さじ1/2
　はちみつ … 大さじ1/2
白炒りごま … … 少々

作り方

1　**A**を混ぜ合わせて、白炒りごまをふる。

調理時間**8**分！

ゆかり大根

ゆかりの塩けと風味をきかせて。ピンクがかわいい大根の浅漬け。

材料（作りやすい分量）

大根 … 150g（約5cm分）
塩 … 小さじ1
A ゆかり … 小さじ1と1/2
　白だし（P124）… 大さじ1/2
　白炒りごま … 小さじ1/2

作り方

1　大根は5mm幅の細切りに。塩を合わせてよくもみ込んで5分おく。

2　**1**の塩をサッと水で洗い流してしっかりしぼり、**A**をあえる。ひと晩おくとピンク色になる。

ピンクのお惣菜やデザートを入れるだけで御膳が愛らしくなります。

基本的に、冷蔵庫からの寄せ集めで構成される「のほほん御膳」。カラフルなミニお惣菜を作り置くことを心がけているのですが、特にお気に入りなのは「ピンクのおかず」です。

ここでご紹介した3品以外にも、大根を梅酢で酢漬けにしたものや、ビーツを使ったスープ、桜パウダーを使ったわらび餅、桜の花の塩漬けなども掲載していますので、ぜひ、御膳に取り入れてみてください。

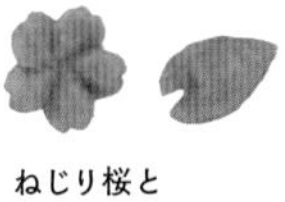

ねじり桜と花びら大根の梅酢漬け（P29）

桜の帽子むすび（P25）

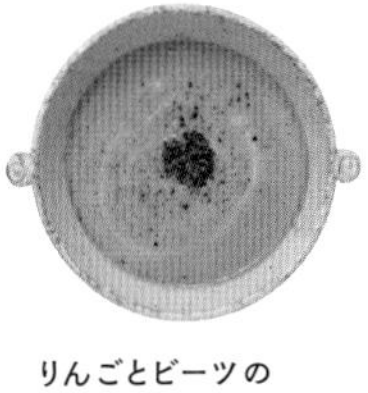

りんごとビーツのポタージュスープ（P82）

桜のわらび餅（P116）

オレンジのおかず

エビの旨煮

保存 冷蔵で5日間
・のほほんおせち（P76）

かぼちゃボール

保存 冷蔵で3日間、
冷凍庫で1カ月間（冷凍する際は、
しっかりと密閉して保存し、解凍は常温で）。
・のほほんおつまみ御膳（P35）
・にゃんこごはんと栗バーグ御膳（P52）
・のほほんクリスマス御膳（P69）
・のほほんおせち（P76）

柿釜サラダ

保存 冷蔵で2日間
・にゃんこごはんと
栗バーグ御膳（P52）

マヨポンにんじん

保存 冷蔵で3日間
・お月見うさぎ御膳（P53）

調理時間20分! かぼちゃボール

御膳に彩りを添え、栄養バランスも整う優秀なおかず。

材料（直径2cmのもの約15個分）

かぼちゃ … 200g
（種を除いた正味）

A 塩 … ひとつまみ
シナモンパウダー … 少々

作り方

1 かぼちゃをラップに包み、電子レンジで4〜5分、竹串が通るまで加熱したら、ラップを取り除いて粗熱を取る。包丁で皮を削ぎ落としてボウルに入れる。

2 **1**に**A**を加えマッシュし、味をみて甘みが足りないと感じたら砂糖を少量加え、直径2cm程度に丸める（大きさは好みでOK）。マッシュの水分が多い場合は、ペーパータオルにのせて水けをとる。

※皮は「マッシュかぼちゃのランタン」（P57）で使う。その他きんぴらなどにしても。

調理時間12分! マヨポンにんじん

マヨポンでこっくりさっぱり。にんじんがペロリと食べられます。

材料（作りやすい分量）

にんじん … 100g（約1/2本分）

塩 … 小さじ1

A ポン酢 … 大さじ1
マヨネーズ … 大さじ2
てんさい糖 … 小さじ1

作り方

1 にんじんを細切りにし、塩をふってもみ込み5分おく。

2 **1**の塩を水でサッと洗い流し、しっかりしぼって**A**とあえる。

調理時間15分! エビの旨煮

晩酌用のつまみからおせちまで、一年中食卓に登場する作り置きおかず。

材料（6尾分）

エビ（ブラックタイガーなど）… 6尾

A 水 … 200mℓ
酒 … 50mℓ
みりん … 50mℓ
しょうゆ … 30mℓ
白だし（P124）… 大さじ1

作り方

1 エビの背わたを竹串で取り除き、頭と尾の尖った部分を斜めに切り落としたら、洗って水けをふき取る。

2 フライパンに**A**を入れてひと煮立ちさせる。**1**のエビをくの字に曲げるようにして入れ、中火で片面5分ずつ煮る。そのまま冷まして味を染み込ませる。

調理時間10分! 柿釜サラダ

P52のように柿を器にすれば見た目も味もランクアップ。黒こしょうはたっぷりめがおいしい。

材料（1個分）

柿 … 1個

クリームチーズ … 20g

A ミックスナッツ … 10g
塩麹（P125）… 小さじ1
黒こしょう … 適量

すだちの輪切り … 1枚

作り方

1 柿の芽がついている方（ふたになる部分）を切り離し、下部（柿釜になる部分）の柿の身をくりぬく（くりぬき型やセルクルを使用するとぬき取りやすい）。

2 **1**のくりぬいた部分とクリームチーズはさいの目切りにして**A**とあえ、柿釜に戻し入れてすだちを添える。

紫のおかず

紫キャベツのレーズンマリネ

保存 冷蔵で5日間

・のほほんおつまみ御膳（P35）
・のほほんおせち（P76）

紫いもボール

保存 冷蔵3日間、冷凍で1カ月間
（冷凍する際は、しっかりと密閉して保存し、解凍は常温で）。

・にゃんこごはんと栗バーグ御膳（P52）
・冬の湯豆腐御膳（P68）
・のほほんクリスマス御膳（P69）
・のほほんおせち（P76）

みそなす

保存 冷蔵で3日間

・春のお花見御膳（P12）
・お月見うさぎ御膳（P53）

紫キャベツの中華ナムル

保存 冷蔵で5日間

・春のお花見御膳（P12）
・夏ののっけ寿司御膳（P34）

調理時間**15**分！

甘みを引き出すため
紫いもに塩を加えた
だけのシンプルレシピ。

紫いもボール

材料（直径2cmのもの約15個分）

紫いも … 200g（約1本分）
塩 … ひとつまみ

作り方

1 紫いもを濡らしたペーパータオルで包み、さらにラップで包んで電子レンジで3～4分竹串が通るまで加熱する。やけどに注意しながらラップとペーパーを取り、皮をむいてボウルに入れる。

2 **1**に塩を加えてマッシュし直径2cm程度に丸める（大きさは好みでOK）。丸める際、いもがパサつく場合は、豆乳や生クリーム（分量外）などをほんの少量加えるとよい。

調理時間**12**分！

ごま油と鶏ガラスープで中華風に。
お酒のつまみとしてもおすすめです。

紫キャベツの中華ナムル

材料（作りやすい分量）

紫キャベツ … 250g（約1/4個分）
塩 … 小さじ1
A 鶏ガラスープの素 … 小さじ1
酢 … 小さじ1
B 白炒りごま … 小さじ1
ごま油 … 大さじ1/2
ラー油 … 適量

作り方

1 紫キャベツをせん切りにして、塩をふってもみ込み5分おく。

2 **1**の塩を水でサッと洗い流してしっかりしぼり、**A**と混ぜ合わせて**B**をあえる。

調理時間**12**分！

美しい色合いの紫キャベツに
レーズンの甘みを加えて食べやすく。

紫キャベツのレーズンマリネ

材料（作りやすい分量）

紫キャベツ … 250g（約1/4個分）
塩 … 小さじ1
A 白ワインビネガー … 大さじ1
はちみつ … 大さじ1
レモン果汁 … 大さじ1/2
レーズン … 大さじ1
アマニ油 … 大さじ1/2

作り方

1 紫キャベツをせん切りにして、塩をふってもみ込み5分おく。

2 **1**の塩を水でサッと洗い流してしっかりしぼり、**A**と混ぜ合わせてアマニ油をあえる。

調理時間**10**分！

作り置きの甘みそと
ささっとあえるだけ。

みそなす

材料（作りやすい分量）

なす … 120g（約1本分）
即席くるみみそ（P120）
… 大さじ1

作り方

1 なすは半月切りにして（水にさらさない）、耐熱ボウルに入れてラップをかけ、電子レンジで3分加熱する。底にたまった水分をペーパータオルでふきとり、即席くるみみそであえる。

黄色のおかず

柚子こしょうツナマヨコーン

(保存) 冷蔵で5日間

・夏ののっけ寿司御膳（P34）

パプリカ白だしナムル

(保存) 冷蔵で3日間

・夏ののっけ寿司御膳（P34）
・のほほんクリスマス御膳（P69）
・のほほんおせち（P76）

カレーもやし

(保存) 冷蔵で3日間

・春のうららか肉巻き御膳（P14）

スパイシー れんこんチップ

(保存) 冷蔵で3日間

・冬の湯豆腐御膳（P68）
・のほほんクリスマス御膳（P69）

調理時間**3**分！

パプリカ白だしナムル

味も彩りもあと1品欲しい！
そんなときに、パパッと作ります。

材料（作りやすい分量）

パプリカ（黄）… 70g（約1/2個分）
A 白だし（P124）… 小さじ1
酢 … 小さじ1
B 白炒りごま … 小さじ1
ごま油 … 小さじ1/2

作り方

1 パプリカは細切りにし、ボウルに**A**とともに入れて混ぜ合わせたら**B**をあえる。

調理時間**2**分！

柚子こしょうツナマヨコーン

柚子こしょうの代わりに、わさびや
粒マスタードなどでもおいしい

材料（作りやすい分量）

ツナ缶 … 70g（約1缶分）
コーン缶 … 70g（約1缶分）
マヨネーズ … 大さじ1
柚子こしょう … 小さじ1/2
黒こしょう … 適量
塩 … 少々

作り方

1 ツナとコーンの水けをきり、すべての材料を混ぜ合わせる。

調理時間**10**分！

スパイシーれんこんチップ

食物繊維たっぷりの野菜チップス。
カレー塩の塩梅はお好みで。

材料（作りやすい分量）

れんこん … 50g（約1/4節分）
片栗粉 … 大さじ1
A カレー粉 … 小さじ1/2
塩 … 少々
揚げ油 … 適量

作り方

1 れんこんは1mm厚さの薄切りにする（水にはさらさない）。

2 ポリ袋に**1**と片栗粉を入れてまんべんなく粉をまぶし、180℃の油で4分ほど揚げて**A**をからめる。

調理時間**5**分！

カレーもやし

カレー粉と麺つゆベースに
あえるだけ！ くせになる味で、
ビールにもよく合います。

材料（作りやすい分量）

もやし … 1袋
A カレー粉 … 小さじ1
麺つゆ（P125）… 大さじ2
酢 … 大さじ1
黒炒りごま … 小さじ1

作り方

1 耐熱ボウルにもやしを入れてラップをかけ、電子レンジで3分加熱する。水にさらして水けをしっかりしぼり、**A**をあえる。

黄色のおかず

保存 常温で3日間
・のほほんおつまみ御膳（P35）
・のほほんクリスマス御膳（P69）

・冬の湯豆腐御膳（P68）

調理時間**18**分！

ビールにもよく合うお手軽おつまみ。
トッピングで味を変えて。

チーズ煎餅

材料（直径約5cmのもの6枚分）

シュレッドチーズ … 30g

A カレー粉、七味唐辛子、黒こしょう … 各適量

作り方

1 チーズを6等分してオーブンシートを敷いた天板に並べ**A**をフレーバーごとに分けてふる（**a**）。

2 **1**を200℃に予熱したオーブンで10〜15分焼く。

調理時間**10**分！（砂抜きの時間はのぞく）

疲れたときに、無性に飲みたくなる1杯。
あさりにレモンとバターがよく合うんです。

あさりのレモンバタースープ

材料（2人分）

あさり … 200g

水 … 600㎖

A 鶏ガラスープの素 … 大さじ1/2
薄口しょうゆ … 小さじ1

B バター … 少々
レモンの薄切り … 2枚
黒こしょう … 少々

下準備

あさりを3%の塩水（200㎖の水＋小さじ1の塩）（分量外）にひたひたに浸し、1時間ほどつけて砂抜きしたら、殻どうしをこすり合わせてよく洗う。

作り方

1 鍋にあさりと水を入れて中火にかける。あさりの口が開いたら、アクをとって火を止めて**A**を加えて混ぜる。器に盛り**B**をトッピングする。

保存 冷蔵で3日間
・夏ののっけ寿司御膳（P34）

・オムのぼり御膳（P40）

調理時間**10**分！ （冷やし固める時間はのぞく）

抹茶ごま豆腐

豆乳ベースで作るごま豆腐に、大好きな抹茶を加えて、少し渋めに仕上げました。

材料（250mℓ分）

A 無調整豆乳 … 200mℓ
白だし（P124）… 大さじ1と1/2
白ごまペースト … 大さじ1

B 粉ゼラチン … 5g
抹茶 … 大さじ1/2

（好みで）黒豆のあっさり煮（P105）
… 適量

作り方

1 耐熱ボウルに**A**を入れて混ぜ、電子レンジで1分20秒加熱したら（ラップはしない）、**B**を少量ずつ加えながら泡立て器でムラなく混ぜる。

2 **1**を漉しながら容器に流し入れ、冷蔵庫で2～3時間冷やし固める。切り分けて器に盛り、好みで黒豆のあっさり煮を添える。

調理時間**15**分！

アボカドグラタングリル

グリルしたアボカドとサバチーズは間違いのない組み合わせ。

材料（1人分）

アボカド … 1個

A サバの水煮缶 … 20g（水けをきった身）
マヨネーズ … 小さじ1
麺つゆ（P125）… 小さじ1/2

B シュレッドチーズ、黒こしょう
… 各適量

作り方

1 アボカドは半分に切り、種を取り除いて皮をむく。種があったへこみ部分に混ぜ合わせた**A**を入れて、**B**をトッピングする。

2 **1**を魚焼きグリルで、中火で7分ほど焼く。

緑のおかず

ジンジャーピーマン

保存 冷蔵で3日間
・春のうららか肉巻き御膳（P14）
・お月見うさぎ御膳（P53）
・のほほんクリスマス御膳（P69）

スナップえんどうの白だし漬け

保存 冷蔵で3日間
・春のお花見御膳（P12）

ペペロン枝豆

保存 冷蔵で3日間
・のほほんおつまみ御膳（P35）

ゴーヤのツナあえ

保存 冷蔵で5日間
・夏ののっけ寿司御膳（P34）

調理時間**5**分！

スナップえんどうの白だし漬け

加熱後、しっかり水けをきるひと手間が、おいしく仕上げるコツ。

材料（作りやすい分量）

スナップえんどう … 10本
塩 … 小さじ1/2
A 水 … 大さじ3
白だし（P124）… 大さじ1/2

作り方

1 スナップえんどうの筋を取り除き、耐熱ボウルに塩とひたひたの水（分量外）とともに入れ（ラップはしない）、電子レンジで2分加熱する。ざるにあげ、しっかり水けをきる。

2 保存容器に**1**と混ぜ合わせた**A**を入れてつける。ひと晩以上つけるとおいしくなる。

調理時間**10**分！

ゴーヤのツナあえ

ゴーヤをできるだけ薄く切ることで苦味がやわらぎます。

材料（2人分）

ツナ缶 … 70g（約1缶分）
ゴーヤ … 80g（約1/3本分）
塩 … 小さじ1
A 麺つゆ（P125）… 大さじ1/2
てんさい糖 … 大さじ1

作り方

1 ゴーヤは縦半分に切って種を取り除き、できるだけ薄く切り、塩をふってもみ込み5分おく。

2 **1**の塩を水でサッと洗い流してしっかりしぼり、油をきったツナと混ぜ合わせ、**A**をあえる。

調理時間**5**分！

ジンジャーピーマン

しょうがをきかせた、簡単あえもの。ピーマンの甘みと風味が引き立ちます。

材料（作りやすい分量）

ピーマン … 100g（約3個分）
A おろししょうが … 5g
麺つゆ（P125）… 大さじ1と1/2
てんさい糖 … 大さじ1/2
ごま油 … 大さじ1/2

作り方

1 耐熱ボウルに、細切りにしたピーマンを入れてラップをかけ、電子レンジで2分加熱する。底にたまった水けをペーパータオルでふき取り、**A**を入れて混ぜ合わせ、仕上げにごま油をあえる。

調理時間**7**分！

ペペロン枝豆

にんにくと和風香辛料を複数ミックスしてパンチをきかせた枝豆。

材料（作りやすい分量）

枝豆 … 200g
A 麺つゆ（P125）… 大さじ1/2
塩 … ひとつまみ
B 黒こしょう、七味唐辛子、粉山椒、おろしにんにく … 各少々

作り方

1 枝豆の両端をハサミで切り、耐熱ボウルに**A**とともに入れ、全体をからめたらラップをかけ、電子レンジで5分加熱する。**B**を加え混ぜる。

保存 冷蔵で2日間（焼く前・後）、冷凍で1週間（焼く前）
・のほほんクリスマス御膳（P69）

ほのかに甘じょっぱいローストポーク。
作り置きできる主菜として重宝しています。

麹とマーマレードのローストポーク

材料（作りやすい分量）

豚肩ロース肉 … 300g

A 塩麹（P125）… 大さじ1
　マーマレード … 大さじ2
　しょうゆ … 小さじ1
　おろしにんにく … 小さじ1

黒こしょう … 適量

作り方

1 豚肉にフォークで数カ所穴をあける。ポリ袋に**A**といっしょに入れてもみ込み3時間以上おく。

2 天板にオーブンシートを敷き、**1**をのせ、200℃に予熱したオーブンで20分焼く。焼き上がったら肉を覆うようにアルミ箔を隙間なくかぶせて30分ほど余熱で火を通す。薄切りにして黒こしょうをふる。

・春のうららか肉巻き御膳(P14)

・お月見うさぎ御膳(P53)

調理時間**15**分!

なすの豚肉巻き

電子レンジで簡単に作れる肉巻きです。
なすをほかの野菜の細切りに変えてもおいしい。

材料(8本分)

豚薄切り肉 … 8枚
なす … 1本(小~中)
酒 … 小さじ1/2
A 麺つゆ(P125) … 大さじ1
酢 … 大さじ1
おろしにんにく … 小さじ1/4
おろししょうが … 小さじ1/2
ごま油 … 小さじ1
白炒りごま … 適量

作り方

1 なすはガクを取りのぞき縦4等分にして半分に切る。豚肉を1枚広げ、なすを置いて巻く。

2 耐熱ボウルに**1**と酒を入れてラップをかけ、電子レンジで6~7分加熱する。器に盛り、混ぜ合わせた**A**をかけ、ごまをふる。

調理時間**20**分!

里いも肉巻きコロッケ

里いもを丸ごと使う簡単コロッケ。
お肉を巻いて食べごたえアップ。

材料(6個分)

里いも … 6個
牛薄切り肉 … 6枚
片栗粉 … 適量
A 米粉、水 … 各大さじ3
パン粉 … 適量
揚げ油 … 適量
カレーディップ(P119) … 適量

作り方

1 里いもに片栗粉をまぶし、里いもが隠れるように牛肉を巻く。混ぜ合わせた**A**にくぐらせてパン粉をまぶす。その際、手で丸くする。

2 160~170℃の油に**1**を入れ、中まで火が通るようじっくり5分ほど揚げる。カレーディップをトッピングする。

茶色のおかず

しいたけチーズ

保存 冷蔵で3日間
- 夏ののっけ寿司御膳（P34）
- のほほんおつまみ御膳（P35）
- にゃんこごはんと栗バーグ御膳（P52）

たたきごぼう

保存 冷蔵で5日間
- 春のお花見御膳（P12）
- 春のうららか肉巻き御膳（P14）
- のほほんおせち（P76）

梅こんにゃく

保存 冷蔵で5日間
- 春のうららか肉巻き御膳（P14）
- 夏ののっけ寿司御膳（P34）
- のほほんおつまみ御膳（P35）

麹きのこのオイル漬け

保存 冷蔵で1週間
- オムのぼり御膳（P40）

調理時間**15**分！

たたきごぼう

手間のかかりそうな本格和惣菜も電子レンジを使えばお手軽です

材料（作りやすい分量）

ごぼう … 100g（約1/2本分）
酢 … 小さじ1
A ［白だし（P124）大さじ1/2、酢大さじ1と1/2、てんさい糖大さじ1］
白すりごま … 大さじ1

作り方

1 ごぼうの土を洗い落として細切りにし、耐熱ボウルに酢とひたひたの水（分量外）とともに入れて電子レンジで3分加熱する（ラップはしない）。ざるにあげてしっかり水けをきる。

2 フライパンに**1**と**A**を入れて中火にかけ、煮汁が完全になくなるまで5分ほど煮からめる。仕上げに白すりごまをあえる。

調理時間**15**分！

麹きのこのオイル漬け

そのままでも、麺類にあえても。フライパンたっぷり作っておくと便利です。

材料（約600mℓ）

A ［オリーブオイル大さじ2、にんにく2片（みじん切り）］
B ［しいたけ6枚（薄切り）、しめじ1パック（石づきを取り小房に）、マッシュルーム6個（薄切り）、エリンギ2本（薄切り）］
C ［塩麹（P125）大さじ2、しょうゆ大さじ2、酢大さじ1、黒こしょう小さじ1/2、赤唐辛子2本］
オリーブオイル … 約200mℓ

作り方

1 フライパンに**A**を入れて中火で炒め、香りが立ってきたら**B**を加え、強めの中火で5分炒める。火を止め**C**を加えて全体に混ぜ合わせ粗熱をとる。

2 保存容器に**1**を入れて、オリーブオイルをひたひたまで注ぎ入れたら底から混ぜ返す。

調理時間**5**分！

しいたけチーズ

食物繊維が豊富なしいたけをピリ辛チーズ風味に仕上げたミニ惣菜です。

材料（作りやすい分量）

しいたけ … 100g（約5枚分）
A 麺つゆ（P125） … 大さじ1/2
パルメザンチーズ … 大さじ1
七味唐辛子 … 適量

作り方

1 しいたけは軸を取り除いて薄切りにする。

2 耐熱ボウルに**1**を入れてラップをかけ、電子レンジで2分加熱する。底にたまった水けをペーパータオルでふき取り**A**とあえる。

調理時間**8**分！

梅こんにゃく

梅の香りをきかせた、プリプリの食感が楽しい一品です。

材料（作りやすい分量）

こんにゃく … 100g（約1/3丁分）
A 梅干し … 大1個
ポン酢 … 大さじ1
てんさい糖 … 大さじ1

作り方

1 こんにゃくは小さめの三角形にきる（好みの形でもよい）。梅干しは種を除きざっくり手でちぎる。

2 耐熱ボウルに**1**のこんにゃくとひたひたの水（分量外）を入れ、電子レンジで3分加熱する（ラップはしない）。ざるにあげて水洗いし、しっかり水をきってペーパータオルでふき取り、混ぜ合わせた**A**につけ込む。

・にゃんこごはんと栗バーグ御膳（P52）

・のほほんおつまみ御膳（P35）

調理時間**15**分！

蒸し栗

蒸すだで十分おいしい
秋だけのごちそう。

材料（10個分）

栗 … 10個

作り方

1 サッと洗った栗をオーブンシートを敷いたせいろに入れてふたをする。

2 湯を沸騰させた鍋に**1**をセットして中火で10分ほど蒸す。半分に切ってスプーンですくって食べる。

調理時間**10**分！

ゴーヤフライ

ほのかな苦みに香ばしさが
合わさっておいしい。

材料（作りやすい分量）

ゴーヤ … 120g（約1/2本分）
麺つゆ（P125）… 大さじ1
A 米粉、水 … 各大さじ3
パン粉 … 適量
揚げ油 … 適量

作り方

1 ゴーヤは縦半分に切って種を取り除き1cm厚さに切る。

2 ポリ袋に**1**と麺つゆを入れてもみ込む。混ぜ合わせた**A**にくぐらせてからパン粉をつけ、180℃の油できつね色になるまで3分ほど揚げる。

黒のおかず

保存 冷蔵で2日間
・お月見うさぎ御膳（P53）
・冬の湯豆腐串御膳（P68）
・のほほんおせち（P76）

調理時間 **10**分！

はんぺんのり巻き

甘みのあるはんぺんをサッと
バターソテーするだけ。

材料（約5cm長さのもの6本分）

はんぺん … 50g（約1/2枚分）
発酵バター … 5g（小さじ1くらい）
麺つゆ（P125） … 小さじ1
焼きのり …（はんぺんに合わせた大きさ）6枚

作り方

1 はんぺんを5×2cmくらいに切る。フライパンを熱してバターを溶かし、はんぺんを並べて中火で約3分転がしながら焼いたら火をとめる。

2 **1**に麺つゆを回し入れて全体にからめる。粗熱がとれたら、のりを巻く。

保存 冷蔵で1週間、
冷凍で1カ月（保存する際はたっぷりの煮汁と一緒に）
・春のお花見御膳（P12）・春のうららか肉巻き御膳（P14）
・夏ののっけ寿司御膳（P34）
・冬の湯豆腐串御膳（P68）
・のほほんおせち（P76）

調理時間 **4**時間！

黒豆のあっさり煮

甘さ控えめ。少し歯ごたえを
残すことで後を引くおいしさに。

材料（作りやすい分量）

A 黒豆 … 200～300g（軽く洗う）
重曹 … 小さじ1
B 水 … 1.4ℓ
てんさい糖 … 130g
しょうゆ … 大さじ1
塩 … 小さじ1/2

作り方

1 鍋に**B**を入れて中火にかけて煮立ったら火を止めて**A**を加える。ペーパータオルをかぶせて3時間おく（豆が水面から出ないようにする）。

2 **1**のペーパータオルを取り、中火にかけてアクをとる。アクがなくなってきたら弱火にし、再びペーパータオルをかぶせて1時間ほど（やわらかいものが好みなら長めに）煮る。火を止めてそのまま冷ます。

※煮る際、豆がシワにならないよう水面から出るのを防ぐ。

白のおかず

磯辺ちくわ

保存 冷蔵で3日間

- 春のお花見御膳（P12）
- にゃんこごはんと栗バーグ御膳（P52）
- のほほんおせち（P76）

クリームチーズのわさびじょうゆあえ

保存 冷蔵で2日間

- 夏ののっけ寿司御膳（P34）
- のほほんおつまみ御膳（P35）

ごまだれえのき

保存 冷蔵で3日間

- 夏ののっけ寿司御膳（P34）
- お月見うさぎ御膳（P53）

おかか和風チーズバター

保存 冷蔵で3日間

- 春のうららか肉巻き御膳（P14）
- のほほんクリスマス御膳（P69）
- のほほんおせち（P76）

調理時間**3**分！

ごまだれえのき

えのきのコリコリ食感とマヨポンの相性抜群。
1袋でもペロリと食べられます。

材料（作りやすい分量）

えのきだけ … 100g（約1袋分）
A 白すりごま … 大さじ1
　マヨネーズ … 大さじ1
　ポン酢 … 大さじ1

作り方

1　石づきを取りのぞいたえのきをほぐして耐熱ボウルに入れる。ラップをかけ、電子レンジで2分加熱する。底にたまった水けをペーパータオルでふき取り、**A**とあえる。

調理時間**3**分！

磯辺ちくわ

青のりの風味が香るマヨソースあえ。
火を使わず作れるのもポイントです。

材料（2人分）

ちくわ（10cm）… 2本
A マヨネーズ … 大さじ1/2
　青のり、塩 … 各ひとつまみ

作り方

1　ちくわは1cm幅くらいの輪切りにし、**A**をあえる。

調理時間**2**分！

おかか和風チーズバター

和風に味つけした
クリームチーズを練っただけ
クセになるおいしさです！

材料（1～2人分）

A クリームチーズ … 20g
　白だし（P124）… 大さじ1
　黒こしょう … 適量
カツオ節 … ひとつまみ

作り方

1　ボウルに**A**を入れてよく練り、カツオ節を加えて混ぜる。

調理時間**2**分！

クリームチーズのわさびじょうゆあえ

ちょっとパンチをきかせた
御膳の中に1つあると嬉しいメニュー。

材料（1～2人分）

クリームチーズ … 40g
A しょうゆ … 小さじ1
　練りわさび … 小さじ1/2

作り方

1　クリームチーズを1cm角に切り、混ぜ合わせた**A**とあえる。

保存 冷蔵で3日間
・春のうららか肉巻き御膳（P14）
・お月見うさぎ御膳（P53）

保存 冷蔵で3日間
・春のお花見御膳（P12）
・冬の湯豆腐御膳（P68）

調理時間**20**分！

かぶのハニーマスタード

15分じっくり、焦がさないように焼いて
かぶの甘みを引き出すのがポイント。

材料（1～2人分）

かぶ … 1個（中）
A 塩、黒こしょう … 各少々
B 粒マスタード … 大さじ1/2
はちみつ … 大さじ1/2
しょうゆ … 小さじ1/2

作り方

1 かぶを8等分のくし切りにし**A**をまぶす。

2 **1**を両面焼きの魚焼きグリルで15分焼く（片面焼きなら両面7～8分ずつ焼く）。混ぜ合わせた**B**をからめる。

調理時間**15**分！

卵の花サラダ

食物繊維たっぷり、ローカロリーの
作り置きできるヘルシーサラダです。

材料（作りやすい分量）

きゅうり … 50g（約1/2本分）
にんじん … 30g（約1/8本分）
塩 … 小さじ1
A 生おから … 100g
ツナ缶 … 70g（約1缶分。油をきる）
コーン缶 … 70g（約1缶分。水けをきる）
玉ねぎ … 30g（約1/8個分。薄切り）
B 酢 … 大さじ1
マヨネーズ … 大さじ2
しょうゆ … 小さじ1
黒こしょう … 適量
カツオ節 … ひとつかみ

作り方

1 きゅうりとにんじんは薄切りにし、塩をふってもみ込み5分おく。

2 **1**の塩を水でサッと洗い流してしっかりしぼり、**A**とともにボウルに入れてざっくり混ぜる。**B**を材料順に加え、そのつど混ぜ合わせる。

保存 冷蔵で2日間
・のほほん七夕御膳(P36)

保存 冷蔵で1週間
・夏ののっけ寿司御膳(P34)
・のほほんクリスマス御膳(P69)　・のほほんおせち(P76)

調理時間**17**分!

梅の冷製茶碗蒸し

卵液にスが入らないように、必ず弱火で仕上げます。

材料 (約200mℓ分)

A 卵 … 1個
　水 … 150mℓ
　白だし(P124) … 大さじ1
B 梅干し … 大1個(種を除いて刻む)
　青ねぎの小口切り … 適量
C 梅干し … 小1個
　ゆでぎんなん … 1個
　三つ葉 … 1枝

作り方

1 器に**B**を入れる。よく混ぜ合わせた**A**をこしながら器に注ぎ入れる。

2 鍋に**1**の器が半分つかる量の湯を沸かす。器を入れてふたをし、弱火で15分ほど湯せん蒸しにする。仕上げに**C**を添える。冷やしても温かいままでもおいしい。

調理時間**10**分!

紅白なます

見た目が鮮やかで体によく、日持ちするので多めに作って常備菜としても。

材料 (作りやすい分量)

大根 … 100g(約1/8本分)
にんじん … 50g(約1/4本分)
塩 … 小さじ1
A 白だし(P124) … 小さじ1
　酢 … 大さじ1/2
　てんさい糖 … 大さじ1/2
　ゆずの皮の細切り … 適量

作り方

1 大根とにんじんを細切りにし、塩をふってもみ込み5分おく。

2 **1**の塩を水でサッと洗い流してしっかりしぼり混ぜ合わせた**A**とあえる。

・のほほんおせち（P76）

保存 冷蔵で2日間

・春のお花見御膳（P12）

調理時間**5**分！

揚げ餅の麺つゆおろし

大好きなお餅は一年中常備。
たっぷりの薬味でさっぱりと。

材料（1人分）

餅 … 1個

A 麺つゆ（P125）… 大さじ1/2
　水 … 大さじ1/2

B 大根おろし
　おろししょうが
　大葉のせん切り
　刻みのり
　三つ葉
　ゆずの皮のせん切り … 各適量

揚げ油 … 適量

作り方

1 170～180℃の油に餅を入れて3分ほど素揚げしたら器に盛る。

2 混ぜ合わせた**A**を**1**に回しかけ、**B**を添える。

調理時間**15**分！

たけのこのとろとろ煮

とろみをなじませた白だしがたけのこに
よくからみ、ちゅるんとした口当たりに。

材料（作りやすい分量）

A たけのこ（水煮）… 200g
　水 … 150mℓ
　白だし（P124）… 大さじ1と1/2
　てんさい糖 … 大さじ1

B 片栗粉 … 大さじ1/2
　水 … 大さじ1

作り方

1 **B**を混ぜ合わせておく。たけのこを縦に1cm厚さになるようにくし切りにする。

2 鍋に**A**を入れて中火にかけ、ふたをずらして10分煮る。火を止め、ダマができないよう**B**を少量ずつ加えながら混ぜ全体にとろみをつける。再度、10秒ほど中火にかける。

保存 冷蔵で1週間
・春のお花見御膳（P12）
・夏ののっけ寿司御膳（P34）
・のほほんおつまみ御膳（P35）
・のほほんおせち（P76）

調理時間**10**分！　（つける時間はのぞく）

花れんこん

酢できゅっとしめた酢ばすは御膳に1つ添えるとちょっとした箸休めになります。

材料（5枚分）

A 花形れんこん
… 5mm厚さの花形のもの5枚
酢 … 小さじ1/2

B 酢 … 大さじ2
白だし（P124）… 大さじ1
てんさい糖 … 小さじ2
ゆずの皮のせん切り … 適量

作り方

1 耐熱ボウルに**A**とひたひたの水（分量外）を入れて（ラップはしない）、電子レンジで3分加熱する。ざるにあげてしっかり水けをきる。

2 混ぜ合わせた**B**に**1**を1時間以上つける。

・冬の湯豆腐御膳（P68）

調理時間**8**分！

湯豆腐

冬は汁ものがわりに、1人用土鍋を使った湯豆腐を御膳につけることが多いです。

材料（1人分）

A 絹ごし豆腐 … 150g
だし汁（P124）… 200mℓ

すだちの薄切り … 適量

B ポン酢、おろししょうが、大葉のせん切り、ゆずの皮のせん切り … 各適量

作り方

1 1人用土鍋に**A**を入れ、ふたをして弱めの中火でじっくりと豆腐を温めたらすだちを浮かべる。**B**につけて食べる。

肉だね

**えのきたっぷり
つくねだね**

(保存) 冷蔵で3日間、冷凍で1週間
（冷凍の際、小分けにしておくと便利。使用する前日に冷蔵庫内で自然解凍しておく）

小さな栗バーグ

(保存) 冷蔵で2日間
・にゃんこごはんと
栗バーグ御膳（P52）

つくね串焼き

(保存) 冷蔵で2日間
・冬の湯豆腐御膳（P68）

調理時間**5**分！

えのきたっぷりつくねだね

えのきだけでカサ増ししているので経済的で健康的。
焼きもの、揚げもの、汁ものや鍋などに。

材料（約500g分）

豚ひき肉 … 300g
えのきだけ … 200g（約2袋分）
しょうが … 20g
白炒りごま … 大さじ1
てんさい糖 … 大さじ1
しょうゆ … 大さじ1
酒 … 小さじ1
塩 … 小さじ1/2
黒こしょう … 適量

作り方

1 えのきだけの石づきを取りのぞきフードプロセッサーに入れて5秒ほど攪拌する。残りの材料をすべて加え、滑らかになるまでさらに1分ほど攪拌する。

調理時間**20**分！

つくね串焼き

自家製の即席甘みそがよく合うんです。
シンプルにしょうゆで食べてもOK。

材料（直径約3cmくらいのもの5個分）

えのきたっぷりつくねだね（上記）
… 130g
即席甘みそ5種（P120）
… 各ティースプーン1杯
なたね油 … 適量

作り方

1 つくねだねを5等分し、楕円形に成形する。

2 熱したフライパンに油をひいて**1**をのせる。弱めの中火で片面8分、裏に返してふたをして5分ほど焼く。竹串をさして好みの甘みそをのせる。

調理時間**20**分！

小さな栗バーグ

こぶりの栗形がかわいいミニバーグ。
ごまをたっぷりつけて香ばしく。

材料（直径約5cmくらいのもの2個分）

えのきたっぷりつくねだね（上記）
… 120g
A とんかつ（濃厚）ソース
… 大さじ1
ケチャップ … 大さじ1
白炒りごま … 適量
なたね油 … 適量

作り方

1 つくねだねを2等分し、三角形に成形する。

2 熱したフライパンに油をひいて**1**をのせる。弱めの中火で片面8分、裏に返してふたをして7分ほど焼く。火を止めて**A**を加え、全体にからませ、下1/3に白ごまをつける。

つみれだね

いわしと豆腐のつみれだね

保存 冷蔵で3日間、冷凍で1週間
（冷凍の際、小分けにしておくと便利。
使用する前日に冷蔵庫内で自然解凍しておく）

つみれとなめこのおみそ汁

保存 冷蔵で1日
・夏ののっけ寿司御膳（P34）
・お月見うさぎ御膳（P53）

つみれボールのあられ揚げ

保存 冷凍1週間
（あられをつけた揚げる前の状態）
・春のお花見御膳（P12）

調理時間15分！

いわしと豆腐のつみれだね

骨ごと食べられるからカルシウムもとれる。
団子やハンバーグ形を作っておくと便利です。

材料（約300g分）

いわし … 12尾（長さ12～15cmのもの）

A 絹ごし豆腐 … 50g（サッと水けをきる）
しょうが … 30g
大葉 … 10枚
みそ … 小さじ1
酒 … 小さじ1
てんさい糖 … 大さじ1
しょうゆ … 大さじ1/2
片栗粉 … 大さじ3

作り方

1 いわしは頭を切り落とし、指で腹をさいて内臓を取り除いて水でよく洗う。ペーパータオルで腹の中をきれいにし、水分もしっかりふき取る。

2 **1**をフードプロセッサーに入れて1分ほど攪拌する。**A**を加えてさらに1分ほど攪拌する。

調理時間8分！

つみれとなめこのおみそ汁

つみれだねからもしっかりだしが出て
旨みの強いおみそ汁になります。

材料（1～2人分）

だし汁（P124）… 500mℓ
いわしと豆腐のつみれだね（上記）… 100g
なめこ … 50g
みそ … 大さじ1
青ねぎの小口切り … 適量

作り方

1 鍋にだし汁を入れて中火にかける。煮立ったらつみれだねを小さじ1ずつすくって入れ、5分ほど煮る。

2 **1**になめこを加えて1分ほど煮て火をとめ、みそを加えて混ぜる。器に盛り、ねぎを添える。

調理時間15分！

つみれボールのあられ揚げ

お花見やお雛様、おせちなど、
ちょっと華やかにしたい日の御膳に。

材料（直径約4cmのもの6個分）

いわしと豆腐のつみれだね（上記）… 180g
5色あられ … 30～50g
揚げ油 … 適量

作り方

1 丸い器にあられを入れる。つみれだねを大さじ1程度すくってあられの上に落とし、器を揺らして転がしながら、まんべんなくつける。

2 140～150℃の油に**1**を入れてじっくり5分ほど揚げる。

保存 冷蔵で3日間
・オムのぼり御膳（P40）

調理時間**10**分！

緑茶のレトロゼリー

缶詰のさくらんぼを使ってレトロな感じに。緑茶は濃いめがおすすめです。

材料（約200mℓ）

A 緑茶（粗熱をとる）… 200mℓ
　パールアガー … 10g
オリゴ糖シロップ … 50g
B ホイップクリーム（市販）… 適量
　さくらんぼ … 1個
　ぶどう … 1個
　キウイフルーツ（輪切り）… 2枚

作り方

1 耐熱ボウルに**A**を入れてよく混ぜ、電子レンジで1分半加熱し（ラップはしない）、オリゴ糖シロップを加えて混ぜる。好みの型に入れて冷蔵庫で冷やす（常温でも固まりますが、冷蔵庫でひと晩冷やすとしっかりとした食感に）。

2 器に**1**を盛り、**B**を添える。

・春のお花見御膳（P12）

調理時間**6**分！

桜のわらび餅

桜パウダーでうっすらキュートな桃色に。キュートかつ、簡単にできる和菓子です。

材料（ひと口大10個分）

桜の花の塩漬け … 適量
A 片栗粉 … 40g
　てんさい糖 … 30g
　水 … 200mℓ
　桜パウダー … 1g

下準備

桜の花の塩漬けは5分ほど水につけて塩抜きする。

作り方

1 鍋に**A**を入れて弱めの中火にかける。透明感が出るまで木のしゃもじで手早く3分ほど混ぜて火を止める。

2 水の入ったボウルに**1**を入れて冷ましながら手でひと口大にちぎる。器に盛り、ペーパータオルでしっかり水けをとった桜の花の塩漬けを添える（冷蔵庫で3時間以内ならやわらかく保存できる）。

保存 冷蔵で2日間
・のほほんクリスマス御膳（P69）

調理時間**20**分！

キャンドルケーキ

市販のロールケーキを使って、簡単においしいミニホールケーキの完成です！トッピングをアレンジしても楽しい。

材料（直径約8cmのもの1個分）

ロールケーキ（市販）… 1個（輪切り）
ホイップクリーム（市販）… 適量
チョコレートウエハース
（サイコロ状のもの）… 1個
いちご … 1個
チョコレートスプレー … 2本
アラザン … 適量

作り方

1 ロールケーキ全体にホイップクリームを塗る。

2 ウエハースを適度な大きさに切り、**1**の上に並べる。

3 いちごを縦に2mm厚さに切り、赤い部分をドロップ型の抜き型で2枚抜く。包丁で切り抜いてもよい。

4 **3**を**2**のウエハースの上に1枚ずつ置く。キャンドルの芯になる部分につまようじでホイップクリームを塗る。

5 **4**のホイップクリームの上にチョコレートスプレーをのせ、ケーキ全体にアラザンをまんべんなくふる。

ディップ

生春巻きサラダ

・のほほん七夕御膳（P36）

即席豆腐ディップ5種

保存 冷蔵で3日間

・のほほん七夕御膳（P36）

混ぜるだけでできるコクあり豆腐ディップ。生野菜や揚げものにつけたり、麺にあえてもおいしい。

調理時間各**2**分！

即席豆腐ディップ5種

材料（各1～2食分）

① プレーンディップ

絹ごし豆腐 … 大さじ1

塩麹（P125）… 大さじ1/2

マヨネーズ … 大さじ1

② カレーディップ

絹ごし豆腐 … 大さじ1

塩麹（P125）… 大さじ1/2

マヨネーズ … 大さじ1

カレー粉 … 小さじ1/2

③ ゆかりディップ

絹ごし豆腐 … 大さじ1

塩麹（P125）… 小さじ1

マヨネーズ … 大さじ1

ゆかり … 小さじ1

④ 抹茶わさびディップ

絹ごし豆腐 … 大さじ1

塩麹（P125）… 大さじ1/2

マヨネーズ … 大さじ1

抹茶 … 小さじ1/2

練りわさび … 小さじ1/2

⑤ 黒ごまディップ

絹ごし豆腐 … 大さじ1

塩麹（P125）… 大さじ1/2

マヨネーズ … 大さじ1

黒すりごま … 大さじ1/2

作り方

1 それぞれの材料をすべて混ぜ合わせる（豆腐はざるにあげてサッと水けをきる程度でOK）。

調理時間**5**分！

生春巻きサラダ

冷蔵庫の片隅に余った野菜をささっと巻くだけでごちそうに！好みのディップを添えて。

材料（1～2人分）

ライスペーパー … 2枚

レタス … 1枚

柚子こしょうツナマヨコーン（P94）
… 大さじ2

（好みの）即席豆腐ディップ（上記）… 適量

作り方

1 水でサッと濡らした各ライスペーパーの上に、半分に切ったレタスを置き、その上にツナマヨコーンを半量ずつのせて巻く。2～3等分に切り、器に盛り豆腐ディップを添える。

甘みそ

即席甘みそ5種

保存 冷蔵で5日間

生サケのごま山椒みそグリル

保存 冷蔵で2日間（塗って焼いた状態で）、
冷凍で1週間（焼く前に塗った状態で）

・のほほんおつまみ御膳（P35）

調理時間各2分！

みそにてんさい糖と麺つゆを混ぜて甘みそのベースに。
焼き魚や焼き肉、生野菜までなんでもよく合います。

即席甘みそ5種

材料（各1～2食分）

① 梅みそ

米みそ … 大さじ1
てんさい糖 … 大さじ1
麺つゆ（P125）… 大さじ1/2
ゆかり … 小さじ1

② ごま山椒みそ

米みそ … 大さじ1
てんさい糖 … 大さじ1
麺つゆ（P125）… 大さじ1/2
白炒りごま … 小さじ1
粉山椒 … 小さじ1/2

③ くるみみそ

米みそ … 大さじ1
てんさい糖 … 大さじ1
麺つゆ（P125）… 大さじ1/2
くるみ … 大さじ1（ざっくり割る）

④ 柚子こしょうみそ

米みそ … 大さじ1
てんさい糖 … 大さじ1
麺つゆ（P125）… 大さじ1/2
柚子こしょう … 小さじ1/4

⑤ からしみそ

米みそ … 大さじ1
てんさい糖 … 大さじ1
麺つゆ（P125）… 大さじ1/2
練りがらし … 小さじ1/2

作り方

1 それぞれのみその材料をすべて混ぜ合わせる。

調理時間10分！

サケに塗ってからサッと焼いて。
ごはんにもお酒にもよく合います。
生の魚に塗っても、焼いた魚に
つけてもおいしいです。

生サケのごま山椒みそグリル

材料（1人分）

生サケ（切り身）… 1切れ
ごま山椒みそ（上記）… 大さじ1/2
（あれば）木の芽 … 1枚

作り方

1 生サケの表面に、ごま山椒みそを塗り、両面焼きグリルで6～8分焼く（片面焼きなら片面3～4分、裏に返してごま山椒みそを塗り、3分ほど焼く）。木の芽を添える。

甘麹

しょうが甘酒
・のほほんおせち（P76）
・春のぬかづけ御膳（P15）

いちご甘酒
・春のうららか肉巻き御膳（P14）

甘麹
保存 冷蔵で1週間、冷凍で1カ月

パイナップルの甘酒アイス
保存 冷凍で1カ月
・のほほんおつまみ御膳（P35）

調理時間**4～6**時間！

甘麹

甘酒スイーツのもと、甘麹。温度計とお鍋、鍋を保温するカバーがあれば作れます。

材料（約600㎖分）

米麹（乾燥）… 200g
水 … 400㎖

作り方

1 米麹を袋の上からもみほぐす。保温性の高い鍋に水を入れて中火にかける。60℃になったら一度火を止め、もみほぐした米麹を加えて混ぜる。

2 **1**を再度弱火にかけ、混ぜながらゆっくり温度を上げる。60℃になったら、すぐに火を止めてふたをし、鍋に保温カバーをかぶせて（なければ毛布などで包む）、2時間ほどおく。

3 **2**の工程を繰り返し、米麹の芯がなくなったら完成（早ければトータル4時間ほどで完成）。保存容器に入れる。

※60℃より温度が上下すると麹菌がうまく働かず、甘みが減少した仕上がりになるので注意。

※フードプロセッサー等で撹拌してなめらかにしておくと、ドリンクやスイーツ作りに使いやすい。

調理時間**3**分！（凍らせる時間はのぞく）

パイナップルの甘酒アイス

甘麹ベースの穏やかな甘みのアイスクリーム。体に優しいのでお気に入りです。

材料（直径約5cmのもの2個分）

A パイナップル … 100g
甘麹（上記）… 100g
はちみつ … 大さじ1
レモン果汁 … 小さじ1/2
ミントの葉
パイナップル（刻む）… 各適量

作り方

1 フードプロセッサーに**A**を入れて滑らかになるまで撹拌し、保存容器に入れて冷凍する。器に盛りつけ、ミントの葉とパイナップルを添える。

調理時間各**2**分！

しょうが甘酒

このレシピをベースに、配合は好みで調整してください。

材料（ミニグラス1杯分）

A 甘麹（上記）… 大さじ1
水 … 大さじ1
おろししょうが … 適量

作り方

1 **A**を混ぜ合わせてグラスに入れ、おろししょうがを添える。

いちご甘酒

春はいちご、夏はパイナップルなど季節に合わせてお好みのフルーツにかえて。

材料（ミニグラス1杯分）

A 甘麹（上記）… 大さじ1
水 … 大さじ1
いちご … 1個（好みの大きさに切る）

作り方

1 **A**を混ぜ合わせてグラスに入れ、いちごを添える。

自家製調味料

ここでご紹介する4つの基本調味料だけは、いつも欠かさず手作りしています。「のほほん御膳」の味の決め手なので、ぜひこの調味料を試してみてください。

※カツオだしパックは天然素材100%のものを使っています。

白だし

材料（約7倍濃縮・180㎖分）

A 酒 … 100㎖
みりん … 100㎖

B 水 … 100㎖
カツオだしパック … 2袋（1袋9g）
昆布（10cm四方）… 1枚
薄口しょうゆ … 大さじ2
天日塩 … 大さじ1
てんさい糖 … 小さじ2

作り方

1 鍋に**A**を入れて中火にかけ、3分沸騰させてアルコールを飛ばす。

2 **1**を弱火にして**B**を加えて10分煮出したらそのまま冷まし、カツオだしパックをギュッとしぼり、昆布とともに取り出す。

だし汁

材料（約1ℓ分）

水 … 1ℓ
カツオだしパック … 2袋（1袋9g）
昆布（10cm四方）… 1枚

作り方

1 鍋にすべての材料を入れてそのまま30分ほどおく。中火にかけて煮たってから3分煮出してそのまま冷まし、昆布とカツオだしパックをギュっとしぼって取り出す。

旨みとコクのある塩麹は、料理に深みを出して
くれるので肉にもみ混んだり、ドレッシングに入れたり、
料理の隠し味にしたりと重宝しています。

保存 冷蔵で3カ月間、冷凍で6カ月間

塩麹

材料（約600mℓ分）

A 米麹（乾燥）… 200g
　天日塩 … 60g
水 … 300mℓ

作り方

1 米麹を袋の上からもみほぐす。ボウルに**A**を入れて、手ですり合わせながらよく混ぜる。保存容器に入れて、水を加えて全体によく混ぜ、ふたをして常温（日光が当たらない場所）でねかせる。

※最初の3日間は1日1回、底からよく混ぜる。1週間後にしっとりとした塩麹が完成する。

※4～5日目くらいから麹がしっとりと変化してくる。完成後は冷蔵庫へ。

濃縮した麺つゆは、
麺を食べるときだけでなく
あえものなどによく使っています。

保存 冷蔵で10日間

麺つゆ

材料（約3倍濃縮・200mℓ分）

みりん … 150mℓ
A しょうゆ … 150mℓ
　てんさい糖 … 大さじ2
　カツオだしパック … 2袋（1袋9g）
　昆布（10cm四方）… 1枚

作り方

1 鍋にみりんを入れて中火にかけ、2分沸騰させてアルコールを飛ばす。

2 **1**を弱火にして**A**を加えて10分煮出したらそのまま冷まし、カツオだしパックをギュッとしぼり、昆布とともに取り出す。

おわりに

この本を作っている間、なぜだか、自分の幼少期を思い出しました。

我が家は家族が多かったこともあり、小学生のころから毎日自転車でおつかいに行ったり、台所仕事のお手伝いに時間をさかざるをえず、いつも「ゆっくりできる私だけの時間と空間が欲しいなぁ」と思っていたのです。

自分の家庭を持つことを切望していたこともあり、20歳という若さで結婚。その数年後にはふたりの子どもに恵まれました。まもなくして夫が単身赴任となり、孤軍奮闘の、いわゆるワンオペ状態な日々となり、とにかく無我夢中で主婦業、母親業まっしぐらに走り続けました。

２０１６年、ふとインスタグラムにアップした娘のお弁当がきっかけとなり、初の著書『のほほん曲げわっぱ弁当』を出版することに。

そこから、やりがいを感じるお料理のお仕事も増え、めまぐるしくも充実した日々が始まりました。

ただ、走り続けてきた人生に、少しだけ疲れていたのかもしれません。

「はじめに」に書いたように、少しだけゆっくりしたくなったのです。

今、思うと「のほほん御膳」を作る幸せで贅沢なひとときは、私が子どものころから切望していた時間でした。

昔からホッとしたいとき、心のさざ波を沈めたいときは、細々とした手作りに没頭していた子どもだったなと思います。

「のほほん御膳」がどこか、子ども心を残した御膳なのは、私の中の「あのころの自分」と関係があるのかもしれません。

本書の献立やレシピは、皆さんの「のほほん御膳」の手助けとなるようにご紹介しています。ですから本書の通りに作ることにこだわらず、ヒント集として自由に使ってくださいね。もしも、前著『のほほん曲げわっぱ弁当』をお持ちでしたら、そちらの作り置きおかずも、ぜひお役立てください。

最後に、改めましてインスタグラムから応援してくださり支えてくださった皆さんに心から感謝いたします。

本書を通して「のほほん御膳」を作る仲間が増えて、楽しい人生になるようエールをおくりあえたら素敵だな、と夢見ています。

デザイン　高橋朱里

撮影　菅谷真理子（マルサンカク）

校正　石川奈都子

編集　ケイズオフィス

斯波朝子（オフィスCuddle）

こころのたね。

yasuyo

京都在住。ナチュラルフードコーディネーター。発酵食スペシャリスト。体にやさしい自然食と発酵食を意識し、心がほぐれるフード作りと丁寧な暮らしを提案。インスタグラムでは、お昼ごはんや盛りつけ、作り置きおかず、お菓子などを紹介。ユニークなごみ系おにぎりも人気。雑誌や書籍、企業のレシピ考案、フードや商品のデザイン開発など多岐にわたるもの作りにも携わる。著書に『のほほん曲げわっぱ弁当』（誠文堂新光社）、『こころのたね。yasuyoさんの美しい作りおき』『こころのたね。yasuyoさんのかわいいお菓子』（ともに永岡書店）がある。インスタグラムのフォロワー数は約23万人。

季節《きせつ》を楽《たの》しむかわいい食卓《しょくたく》

のほほん御膳《ごぜん》

NDC596

2021年3月16日　発　行

著　者　こころのたね。yasuyo《やすよ》

発行者　小川雄一

発行所　株式会社　誠文堂新光社

〒113-0033　東京都文京区本郷3-3-11

［編集］03-5800-3614

［販売］03-5800-5780

https://www.seibundo-shinkosha.net/

印刷所　株式会社 大熊整美堂

製本所　和光堂 株式会社

ISBN978-4-416-52174-8